ONE
FOR
SOLITUDE
TWO
FOR
FRIENDSHIP
THREE
FOR
SOCIETY

biography

THREECHAIRS COMPANY

서울시 종로구 평창문화로 51, 5F
TEL 02 396 6266 FAX 070 8627 6266
WWW.BIOGRAPHYMAGAZINE.KR
CONTACT@BIOGRAPHYMAGAZINE.KR

CREATIVE DIRECTION & COPY
이연대
LEE YEONDAE

DESIGN DIRECTION & ILLUSTRATION
전지영
JEON JIYOUNG

EDITING
이연대
LEE YEONDAE
허설
HUH SEOL

ASSISTANT
김서록
KIM SEOROK

PHOTOGRAPHERS
하시시 박
HASISI PARK
전지영
JEON JIYOUNG

EXECUTIVE ADVISOR
손현우
SON HYUNWOO

CONTRIBUTORS
박덕근
PARK DUCKGEUN
박은혜
PARK EUNHYE
박현빈
PARK HYUNBIN
심중선
SIM JUNGSUN
오지혜
OH JIHYE
유재영
YOO JAEYOUNG
이산하
LEE SANHA

THANKS
강민기
KANG MINGI
김용희
KIM YONGHEE
김우진
KIM WOOJIN
박광무
PARK KWANGMOO
박은자
PARK EUNJA
유성훈
YOO SUNGHOON
유지혜
YOO JIHYE
이혜경
LEE HYEGYOUNG
정홍석
JEONG HONGSEOK
조혜원
JO HYEWON
차경임
CHA GYOUNGIM
황경수
HWANG KYEONGSOO

DISTRIBUTION
(주)날개물류

PRINTING
(주)스크린그래픽

PUBLISHING
(주)스리체어스
THREECHAIRS
도서등록번호
종로 마00071
출판등록일
2014년 7월 17일

ISSN
2383-7365
ISBN
979-11-953258-1-8 04050
979-11-953258-0-1(세트)

THE MAN
WHO
DIGS A WELL

나 는 우 물을 파 는 사람이 다.

뒤 에 오 는 사람들이 우 물에서 나오 는물로

갈증을 풀 수 있게 해주 고 싶다.

ISSUE   1

LEE O-YOUNG

Pour O. Young Lee, –
et pour Madame Lee,
la joie d'avoir en eux
les amis

Eugène Ionesco

14. 77.

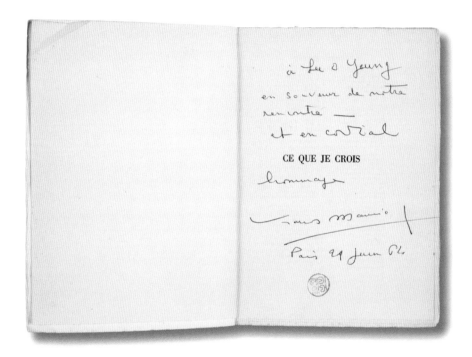

HARROLD AG • ARMAN • JOSÉ ARTUR • CARLO MASSIMO ASNAGHI
JEAN-MICHEL BASQUIAT • CLAUDE BELLEGARDE • ALAIN BERNARD
GIANNI BERTINI • JOSEPH BEUYS • PAUL BOCUSE • FERNANDO BOT
MARTITA ROMERO-BREST • PETER BRÜNING • CÉSAR • MELVIN
BERNARD DEMIAUX • GÉRARD DESCHAMPS • JAMES DESILVA • ÉRIK
MARCEL DUCHAMP • FRANÇOIS DUFRÊNE • PHILIPPE DURAND-RUE
ANNA FALLETTI • JEAN-CLAUDE FARHI • JEAN FAUTRIER • M
FISCHER • FRED FOREST • PIERO GILARDI • GILBERT & GEORGE
GIULIANO GORI • GÉRALD GODIN • RAYMOND HAINS • LYNN HERSHM
PIERRE-ALAIN HUBERT • HUNDERTWASSER • CATHERINE IKAM • I
BEN JAKOBER • MICHEL JOURNIAC • ILYA KABAKOV • KAPERA • A
KARAVAN • YVES KLEIN • PETER KNAPP • JEFF KOONS • FRANS
IAGULLI • BERTRAND LAVIER • UGO LA PIETRA • LEE U FAN •
JACQUES LEBEL • MARCEL LEFRANC • MARIA-EUGENIA LE NOCI • L
LOMBARD • LEA LUBLIN • LEOPOLDO MALER • FEDERICA MAR
MAZZOCHI • MARIA GRAZIA MAZZOCCHI • ALESSANDRO MENDINI •
MESSER • MARTA MINUJIN • ANTONI MIRALDA • ISSEY MIYAKE
MUNTADAS • NEIMAN • NIKOS • HERMANN NITSCH • ALEJANDR
OLDENBURG • NAM JUNE PAIK • GINA PANE • GIUSEPPE PANZA • R
PILLITTERI • FABRIZIO PLESSI • CLAUDE POMPIDOU • BERNARD QU
RABASCALL • ROBERT RAUSCHENBERG • JEAN-PIERRE RAYNAUD
ANA-ROSA RICHARDSON • LARRY RIVERS • MIMMO ROTELLA • NIKI DE S
SEGAL • ANTONIO SEGUI • DANIEL SPOERRI • ROBERT SMITHSO
NICOLAS URIBURU • PAUL VAN HOEYDONCK • BILL VAZAN • ANDRÉ
ANDY WARHOL • WILLIAM XERRA • HARROLD AG • ARMAN • JOSÉ AR
ASNAGHI • JACOB BAAL-TESHUVA • JEAN-MICHEL BASQUIAT • C
ALAIN BERNARDIN • CLAUDE BERRI • GIANNI BERTINI • JOSEPH BE
FERNANDO BOTERO • ANDREA BRANZI • MARTITA ROMERO-BREST
CÉSAR • MELVIN CHARNEY • CHRISTO • BERNARD DEMIAUX • GÉRAR
DESILVA • ÉRIK DIETMAN • JIM DINE • MARCEL DUCHAMP
PHILIPPE DURAND-RUEL • VIRGINIA DWAN • ANNA FALLETTI • JEAN
FAUTRIER • MONIQUE FAUX • HERVÉ FISCHER • FRED FOREST • PIE
& GEORGE • JORGE GLUSBERG • GIULIANO GORI • GÉRALD GODI
LYNN HERSHMAN • MARIANNE HESKE • PIERRE-ALAIN HUBERT •
CATHERINE IKAM • IMAÏ • ALAIN JACQUET • BEN JAKOBER •
ILYA KABAKOV • KAPERA • ALLAN KAPROW • DANI KARAVAN • YVES
JEFF KOONS • FRANS KRACJBERG • SERGIO IAGULLI • BERTRAND LA
LEE U FAN • YONG-WOO LEE • JEAN-JACQUES LEBEL • MARCEL LEF
LE NOCI • LES LEVINE • GEORGES LOMBARD • LEA LUBLIN • LEOPO
MARANGONI • GIOVANNA MAZZOCHI • MARIA GRAZIA MAZZOCCHI •

*POUR LEE O RYONG,
EN GAGE DE MA
FIDÈLE AMITIÉ
RESTANY
PARIS, 11 AOÛT 1991*

PIERRE RESTANY
LE CŒUR ET LA RAISON

**Musée des Jacobins - Morlaix
12 juillet - 10 novembre 1991**

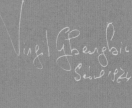

VIRGIL GHEORGHIU

dans

LE LIVRE DE POCHE

La vingt-cinquième heure
La seconde chance
Les mendiants de miracles
Le meurtre de Kyr alessa
La maison de Petrodava
Les immortels d'Agapia
De la 25ème heure
à l'heure éternelle
l'homme qui voyagea seul

Le Révérend Père VIRGIL GHEORGHIU

signera ses livres

de   à

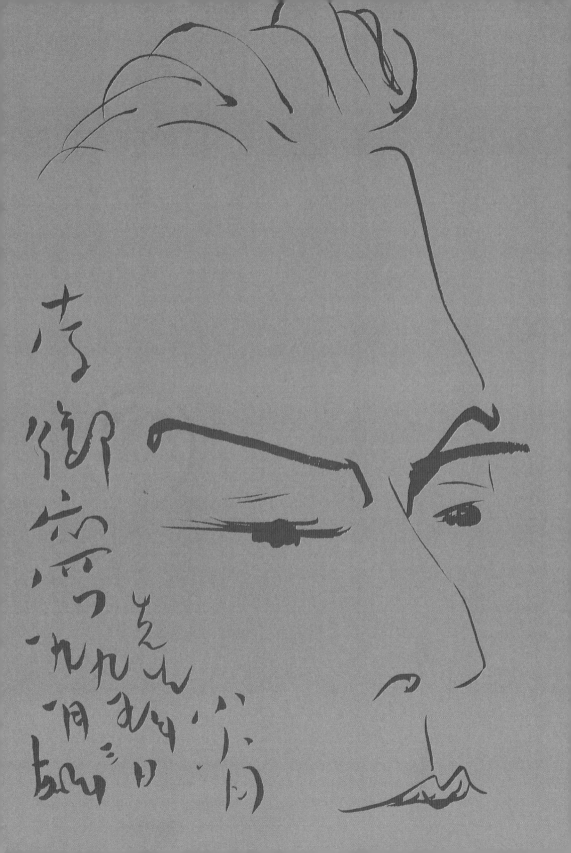

on me dit d'écrire
n'importe quel mot
voilà :
c'est fait

Seoul
nov. 78

preface

남자는 아들에게 전화를 걸어 해외 출장이 언제인지 물었다. 어디에 얼마나 머무는지 용무는 무엇인지 캐물었다. 허랑한 말 뒤로 술잔을 부딪는 소리가 들렸다. 매번 이런 식이었다. 통화의 목적은 답을 구함이 아니라 물음을 던짐에 있었다. 남자는 술상 앞에 늘어진 촌로들에게 말하지 않고 들려주었다. 묻지 않았으니 답할 수 없었다. 그때마다 나는 침을 삼켰다. 가계의 내력과 유별한 성미에 입각하여 나는 아버지를 수용한다. 감청 양복바지의 주름만 보아도 하루 일과를 어림할 수 있기에 말의 무게와 질감을 살피지 않는다. 아버지도 나와 크게 다르지 않을 것이다. 피를 나눈 사이도 이렇게 산다. 어쩌면 우리는 말을 뱉는 만큼 멀어지고 있는지도 모른다. 아버지 나이의 반의반도 되지 않던 때 나는 아버지가 어디서 무얼 하시는지 알지 못했다. 내가 아는 거라곤 두툼한 손바닥과 목욕탕 스킨 냄새, 거칠한 턱수염이 전부였다. 그 시절 아버지는 갈기 세운 수사자였고 춤추는 코끼리였다. 아버지는 무엇도 될 수 있었다. 아버지를 안다고 말할 수 있게 되었을 때 비로소 나는 아버지의 행동 양식을 규정했다. 취기가 오르면 자식 자랑을 안주 삼지만 터놓고 말하지 않고 돌려 말하는 주벽도 그중 하나였다. 나는 아버지의 사유와 행위에 논리적 일관성을 부여하면서부터 아버지에 대해 더 알기를 거부했다. 아버지를 안다고 생각한 만큼 아버지를 해체한 것이다. 무엇도 될 수 있었던 아버지는 이제 아무도 될 수 없다. 내 인식의 벽장에 갇힌 아버지는 아버지일 뿐이다. 누군가를 안다는 것은 궁극적 자유의 박탈이다. 우리는 서로를 진실로 이해하지 못한다. 그걸 서른이 넘어 겨우 알았다.

밤의 가장자리에서 서문을 쓴다. 풀리지 않는 원고를 붙들고 머잖아 계약이 만료될 아파트와 아내의 낡은 외투를 생각한다. 세수를 하고 보온병에 커피를 담는다. 노트와 필기구 옆에 보온병을 내려놓는다. 스테인리스 보온병의 표면에는 커피나무 이파리와 원두 그림이 박혀 있다. 내가 앉은 자리에서 보온병의 후면은 보이지 않지만 전면과 같은 곡률을 이루고 있을 것이다. 눈으로 보지 않아도 나는 의심하지 않는다. 한 면이 평평한 보온병은 상상할 수 없다. 보온병 뒤에 있는 연필꽂이나 빈 깡통, 전기스탠드가 내 신체 외부의 시신경이라도 되듯 나는 내 눈으로 볼 수 없는 보온병의 은폐된 부위를 생생히 지각한다. 내 망막에 맺힌 반쪽짜리 보온병이 하나의 완전한 물체로 인식되는 까닭은 전기스탠드와 빈 깡통과 연필꽂이와 내가 동일한 세계에 더불어 있으며 시선을 교환하기 때문이다. 메를로퐁티에 따르면 각각의 대상은 다른 모든 대상들의 거울이다.

어떤 사물을 바라볼 때 우리는 그 사물을 둘러싼 다른 사물들의 관점을 전적으로 수용하면서 부재하는 현존을 지각한다. 그 과정에는 일체의 머뭇거림도 없다. 그것은 마땅히 그래야 하는 것이다. 바라본다는 것은 주관이 객관을 포섭하는 동화 작용이다. 사람을 이해하는 일도 이와 다르지 않다. 우리는 대상의 일면만을 볼 수 있기에 이해는 — 혹은 이해하고 있다는 생각은 — 대개 오해에 그친다. 누군가를 입체적으로 파악하려면 내가 볼 수 없는 후면이 반드시 폭로되어야 한다. 타자의 시선이 필요한 이유다. 나와 다른 위치와 입장에서 바라본 인물의 뒷모습을 확인하기 전까지 우리는 인물에 대한 판단을 유보해야 한다. 이것은 데카르트적 회의론이 아니라 경험칙이다.

타인을 이해하는 과정은 힘겹고 지난하다. 그것은 순례의 길이다. 당장의 쓸모나 이득을 바랄 수 없다. 다만 걸을 뿐이다. 부어오를 발목과 발바닥에 잡힐 물집을 생각한다면 임의로 타인을 판단하는 편이 나을지도 모른다. 내게 특별한 의미를 지닌 사람이 아니라면 더욱 그러하다. 그럼에도 우리가 수고를 자처하며 타인을 이해하려는 까닭은 그 여정에서 뜻밖의 체험을 하기 때문이다.

타인의 삶과 마주하며 얻는 순수한 기쁨과 지적 희열, 실용적 도움이 길섶의 이름 모를 꽃이라면, 세상의 전모를 파악하는 것은 여정을 마친 자에게 주어지는 달콤한 보상이다. 스스로의 힘으로 세상의 가려진 부분을 지각하는 것은 사유의 세계에서나 가능하다. 현실 세계에선 타자를 이해하는 과정에서 타자의 세계관을 빌려 세상의 본질에 좀 더 가까이 다가설 수 있다. 세상은 앞뒤로 간단히 구분되는 보온병이 아니다.

사람을 말하는 책을 만들고 싶었다. 누구나 알지만 아무도 모르는 사람을 논하고 싶었다. 풍경이 된 인물을 무대 위로 끌어내 하나의 사건으로 제시하고 싶었다. 인간 존재의 불완전함이나 드물게 발현되는 숭고함을 밝히는 것은 차라리 부차적이다. 우리는 한 인간이 외부 세계를 의식하고 사유하는 방식에 천착해 세상의 전모를 드러내고자 한다. 그러기 위해서는 먼저 한 인간의 뒷모습을 관찰하는 작업부터 선행되어야 한다.

세상에 널리 알려진 인물들에게 작동하는 신념에 가까운 감각을 해체하기 위해서는 낯선 서술 방식이 필요했다. 그래서 매거진 형식을 택했다. 전기와 평전은 대개 편년체로 기술된다. 그러나 직선적 시간은 과거의 행위가 현재의 결과로 이어지는 조작된 합리주의를 강요할 뿐이다. 과거는 현재 시점에서 재현되는 경험이다. 과거는 과거 자체로 존재할 수 없고 현재와의 관계 속에서 매순간 새로운 의미를 부여받는다. 따라서 한 인물의 생애를 기술할 때는 과거가 재현되는 현재를 중심에 두어야 한다. 또한 작자와 독자 모두에게 익숙한 편년체는 이해가 쉬운 만큼 오해하기도 쉽다. 일상성은 대상의 본질을 애써 파악하기보다 습관화된 지각 패턴을 따르게 한다. 자동화된 인식 반응을 지연시켜 원초적 감정을 자아내려면 너덜거리는 편년체부터 버려야 한다.

표현법에도 원칙이 있다. 텍스트는 객관적 사실만을 진술해야 한다. 형용사와 부사는 본질을 왜곡하기 쉽다. 김수영은 〈묘정의 노래〉에서 이렇게 노래했다. "한아寒鴉가 와서 / 그늘을 울더라 / 밤을 반이나 울더라 / 사람은 영영 잠귀를 잊었더라" 김수영은 한아가 울더라고 하면서 슬피 운다고 말하지 않았다. 밤을 '반이나' 울더라는 물리적 사실만을 언명했다. 형용사와 부사를 제거한 앙상한 문장은 본질에 가장 근접해 있다. 그래픽은 인물이 발산하는 원형의 심상을 포착해야 한다. 텍스트의 한계와 의미의 공백을 메우기 위해 보이지 않는 광경을 제시하고, 오브제 자체가 아니라 오브제가 현출되는 양상을 표현해야 한다. 고정된 텍스트와 생동하는 그래픽이 유기적으로 결합할 때 오래된 관념이 무너지고 새로운 관념이 떠오른다.

바이오그래피 매거진은 전후 맥락과 시공에 입각한 서술을 거부하고 특정한 삶의 조각들을 떼어 조명한다. 삶의 조각들은 인물의 생을 압축적으로 담으면서도 고착된 이미지에 균열을 가할 수 있는 것이어야 한다. 우리는 편의에 의해 가설된 지각의 울을 부수고 소매가 해진 셔츠와 구겨진 카드 영수증을 제시할 것이다. 친숙함과 생소함 사이에서 인물에 대한 새로운 상像이 정립되리라 믿는다. 우리는 판단을 유보하기로 판단했다. 판단은 오로지 독자의 몫이다.

"모든 출구는 어딘가로 들어가는 입구다." 영국 극작가 톰 스토포드의 말이다. 우리는 먼저 부수고 나중에 지을 것이다.

017

남다른 업적을 남긴 위인들은 세상에서 격리되곤 한다. 우리는 그들이 눈 뜨고 맞은 새벽과 소매로 훔친 객혈을 계량하는 대신 천재라는 레테르를 붙이고 우리와는 다른 인종으로 치부한다. 그럼으로써 우리 삶의 수고가 결코 가볍지 않음을 재확인한다. 이상李箱이 말한 '박제가 되어 버린 천재'는 세상으로부터 박탈되고 제거되는 천재의 운명을 암시하는지도 모른다.

창간호에서는 이어령 선생을 다루었다. 이 선생은 평론가, 산문가, 소설가, 시인, 언론인, 대학교수, 행정가 등 다방면에서 활동하며 탁월한 업적을 남겼다. 한국의 대표 석학, 시대의 지성, 말의 천재로 불리기도 한다. 거리에서 만난 사람들은 대체로 이 선생을 잘 알고 있다고 말했다. 그러면서 그들은 서울 올림픽 굴렁쇠 소년과 초대 문화부 장관, 《축소지향의 일본인》을 이야기했다. 대중이 기억하는 공적이 있다는 건 감사할 일이지만 어쩌면 굴레가 될 수도 있었다. 실제로 이 선생은 문학 평론이나 한국 고전 문학 연구에서 상당한 성취를 거두었으나 대중과 문단으로부터 제대로 평가받지 못했다.

나는 이어령 선생을 세 번 만났다. 두어 시간의 대담이 끝날 때마다 나는 몸살을 앓았다. 그는 한마디도 낭비하지 않고 가지를 치듯 단호히 말했다. 현상에서 본질을 끌어냈고 사례에서 이론을 도출했다. 해박한 지식은 대담을 강연으로 착각하게 했고, 격정적인 말투는 내 젊음을 부끄럽게 했다. 그의 말은 따라가기 버거웠고 나는 번번이 말귀를 놓쳤다.

나는 그를 만날 때마다 찬탄했지만 그렇다고 그를 딴 세상 사람이라 할 수는 없었다. 그는 범인凡人이었다. 세상이 아는 천재가 아니었다. 다만 매사에 호기심을 가지고 치열하게 탐구하는 사람이었다.

여든이 넘은 노학자는 아직도 하루를 분초로 쪼개어 바쁘게 지내고 있었다. 인터뷰 앞뒤로 다른 일정들이 빼곡했고 예정된 시간을 조금만 넘겨도 비서실에서 연락이 왔다. 젊은 시절부터 이 선생은 저녁 이후는 약속을 잡지 않고 독서와 집필에 전념했다. 그렇게 60년을 살았다. 200권이 넘는 저작들은 서재에서 홀로 보낸 저녁들에 쓰였다. 하나의 목적을 위해 반세기 넘게 열중하는 사람을 당해 낼 방법은 별로 없다.

이어령 선생에 관한 흩어진 자료를 모으면서 나는 그의 상상력과 창조력의 원동이 무엇인지 궁금했다. 그것은 남에게 인정받기 위한 몸부림이거나 열등감의 발로일 수도 있었고, 싫증을 잘 내는 성미일 수도 있었다. 이 선생에게 직접 물었더니 호기심이란 답이 돌아왔다. 자신은 우물을 파고 다닌 사람이라는 부연도 있었다. 그는 우물에 들어앉아 물을 먹기 위해서가 아니라 이곳을 파면 물이 나올까 하는 끝없는 호기심으로 늘 새로운 것들을 찾아다녔다고 했다. 그렇다면 끝없는 호기심은 또 어디서 유래한 것일까. 궁금증은 쉽게 풀리지 않았다.

대담 녹음 파일을 수차례 돌려 듣고 나서야 나는 그가 사용하는 시제時制에서 단서를 찾을 수 있었다. 이 선생의 말은 '앞으로', '필요', '가능성' 같은 단어를 자주 포함했다. 미래를 나타내는 선어말 어미 '-겠-'의 사용도 빈번했다. 우리는 모두 동일한 시간을 살고 있다고 믿지만 이 선생의 시간은 내 것과는 다르게 보였다.

대담을 진행하면서 나는 자꾸 지나온 일을 물었고 그는 매번 다가올 일로 답했다. 60여 년 전 문단에 충격을 던진 그의 첫 저서 《저항의 문학》에 대해 물었을 때 그는 당시의 저항이 실체에 대한 저항이었다면 오늘날의 저항은 보이지 않는 것을 보이게끔 하는 것이라 했다. 3D 프린터나 빅 데이터 열풍에 대해 진단을 요구했을 때는 앞날을 예견하는 것으로 대신했다. 그의 말은 시위에 걸린 살처럼 오직 전방의 과녁만을 위해 존재했다. 이어령 선생은 내일을 살고 있었다. 그를 읽어야 할 이유가 여기에 있다.

미국의 스타트업 액셀러레이터인 Y-Combinator의 창립자 폴 그레이엄은 성공하는 스타트업의 요건을 한마디로 정의했다. "미래를 살아라. 그리고 나서 세상에 없는 것을 만들어라Live in the future, then build what's missing."

내일을 사는 사람은 오늘과 불화한다. 그들에게 세상은 부재의 표상이다. 그들은 불편을 발명하고 해법을 창안한다. 10년 전 우리는 스마트폰의 필요성을 느끼지 못했다. 휴대 전화는 작고 가벼웠으며 엠피스리를 담아 노래도 들을 수 있었다. 그러나 현실에 만족하지 않은 불평꾼들이 있었기에 오늘날 모바일 세상은 완전히 달라졌다. 미래를 사는 사람은 세상이 바뀌기를 기다리지 않는다. 다만 직접 몸을 던져 세상을 바꾼다.

이어령 선생은 내일을 사는 사람이다. 그는 언제나 새로운 우물을 파고 다녔다. 한 분야에 안주하지 않고 이곳저곳을 넘나드는 행보에 못마땅한 시선을 보내는 이도 있었고, 세속적 성공을 시기하는 이도 있었다. 그는 또 다른 오해를 낳을지 모른다며 말을 삼갔지만 지난 세월 동안 켜켜이 쌓인 불만과 억울함이 적지 않아 보였다.

우리는 그에게 덧씌워진 천재라는 프레임을 부수고 서재에서 그가 홀로 보낸 시간들을 조명하려 노력했다. 애초 바라던 결과가 나왔는지는 장담할 수 없지만 적어도 서재에 앉은 그의 뒷모습을 발견할 수 있으리라 믿는다.

"필연적으로 내일과 모레의 인간이 될 수밖에 없는 철학자는 언제나 그 자신이 사는 오늘과 모순된 상태에 있어 왔고 그렇게 있을 수밖에 없었던 것이라고 나는 더욱 생각하게 된다. 그의 적은 언제나 오늘의 이상이었다." *니체, 《선악의 저편》, 책세상, 2011.*

이어령의 의식은 곧 다가올 새벽에 있다. **b**

ISSUE 1
NOV DEC 2014
LEE O-YOUNG

IMPRESSION   004
PREFACE   014
WORKS   022
TALKS AND TALES   032
PORTRAITS   034
BIOGRAPHY   042
SIMILARITY   062
ARGUMENTS   066
IN-DEPTH STORY   074
    INTERVIEW
    PARTNER
    LIBRARY
STILL LIFES   098
SAYING   124

PORTRAITS

이어령의 얼굴을
시기별로 담았다

p.034

WORKS

이어령의
주요 활동과
저작물을
아홉 가지로
간추려 보았다

p.022

PREFACE

내일을 사는
사람은 오늘과
불화한다.
그에게 세상은
부재不在의
표상이다.
이어령을
읽어야 할 이유가
여기 있다

WORDS BY
LEE YEONDAE,
PUBLISHER

p.014

IMPRESSION

이어령은 한국을
대표하는 지성이다.
국내외 활약상을
그래픽으로
표현했다

p.004

**TALKS AND
TALES**

거리로 나가
시민들을 만났다.
이어령에 대한
다양한 생각을
들었다

p.032

B

BIOGRAPHY

평론가, 작가,
언론인, 교수, 장관.
이어령은
여러 우물을
파고 다녔다.
그 우물 속을
들여다보았다

p.042

I

**IN-DEPTH
STORY**

여든 현자는
아직 건재했다.
이어령과
그의 아내를 만나
대담했다.
만권 서적과
디지털 기기로
가득한
이어령의 서재를
둘러보았다

INTERVIEW
PARTNER
LIBRARY

p.074

S

SIMILARITY

한국에 이어령이
있다면 중국에는
린위탕이 있다.
중국의 지성
린위탕에 대해
알아보았다

p.062

A

ARGUMENTS

이어령은
문학이란 이름의
장미밭을 지키는
맹수였다.
이어령의
문학 논쟁을
되짚어 보았다

p.066

S

STILL LIFES

이어령을 만나러
가는 길,
영인문학관과
자택 안팎의
소소한 풍경을
담았다

p.098

S

SAYING

문학 인생 60년,
이어령의 명문을
모았다

p.124

works

이어령의 주요 활동과 저작물을 아홉 가지로 간추려 보았다

우상의 파괴

1956. 5. 6.

한국일보에 〈우상偶像의 파괴〉라는 선언문을 실어 문단에 파장을 일으켰다. 이어령은 우상화된 문단 원로들을 파괴하고 그 숭배자들의 각성을 요구했다. 문단의 거목 김동리에게는 '미몽迷夢의 우상', 모더니스트 시인 조향에게는 '사기사詐欺師의 우상', 농촌 문학가 이무영에게는 '우매愚昧의 우상', 신진 평론가 최일수에게는 '영아嬰兒의 우상'이라고 비판했다. 이때 이어령은 만 22세였다. 반세기 넘게 이어진 '저항의 문학'이 탄생하는 순간이었다.

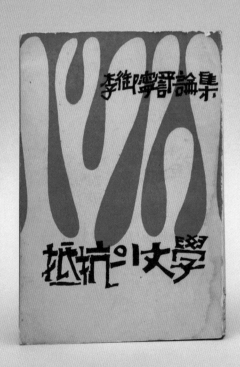

분지 필화사건

1967. 2. 8.

1965년 소설가 남정현은 그의 단편소설 〈분지糞池〉가 북괴의 대남 선동에 동조했다는 이유로 기소
되었다. 동료 문인들은 공안 사건의 피고 측 증인이 되는 것을 꺼려했다. 4회 공판에서 증인으로 채
택된 이어령에게 피고 측 변호인이 물었다. "이 소설이 북괴에 동조한 것인가?" 이어령은 이렇게 답
했다. "장미 뿌리는 장미꽃을 피우기 위해 있는 것이므로 설령 어느 신사가 애용하는 담배 파이프를
만드는 데 장미 뿌리가 쓰였다고 해서 장미 뿌리가 담배 파이프를 위해 자란다고 말할 수는 없다."

불온 논쟁

1967. 12. 28. ~ 1968. 3. 26.

조선일보에 〈에비가 지배하는 문화〉라는 시론을 발표해 한국 문화의 반문화성을 지적하면서 김수영과 불온시 논쟁이 벌어졌다. 이어령이 "문학적 가치를 정치사회적 이데올로기로 평가하는 오도된 사회참여론자들이 예술 본래의 창조적 생명에 조종弔鐘을 울리고 있다"고 비판하자, 김수영은 "무서운 것은 문화를 단 하나의 이데올로기와 동일시하는 것"이라며 "우리의 질서는 조종을 울리기 전에 벌써 죽었다"고 반박했다. 이어령과 김수영은 여덟 차례 비평을 주고받았다.

축소지향의 일본인

1982. 1. 15.

'축소지향'이라는 키워드로 일본인과 일본 문화를 분석한 책이다. 이어령은 이 책을 일어로 집필했다. 세계에서 가장 짧은 시 형식인 하이쿠, 꺾어 접을 수 있는 쥘부채, 정원을 축소해 방 안으로 들여온 분재, 세계 최소의 포켓형 라디오 등 비근한 예를 들어가며 일본인의 축소 문화를 풀어 밝혔다. 1982년 일본에서 먼저 발간된 《축소지향의 일본인》은 출간 5개월 만에 12만 부가 판매되었다. 국내 작가가 쓴 책이 외국 베스트셀러 목록에 오른 것은 처음이었다.

벽을 넘어서

1988. 9. 17.

그날 전까지 세계인에게 한국은 여전히 전쟁고아의 나라였다. 태권도 파상 격파가 끝나고 1008명
의 단원들은 경기장을 서둘러 빠져나갔다. 경기장에는 일순 정적이 흘렀다. 그라운드 위로 소년이
나타났다. 빨간 챙이 달린 하얀 모자에 하얀 셔츠, 하얀 반바지를 입은 소년은 경기장을 사선으로
가로질렀다. 소년은 굴렁쇠를 굴리고 있었다. 햇볕이 내리쬐는 파란 경기장에 한 줄짜리 시가 쓰였
다. 이어령은 1988년 서울 올림픽 대회 개·폐회식 행사를 총괄 기획했다.

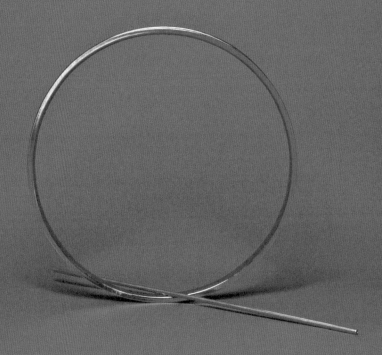

초대 문화부 장관

1990. 1. 3. ~ 1991. 12. 19.

처음에는 거절했다. 관직이나 정치에는 뜻이 없었다. 그러나 문화부가 신설되는 부처이기 때문에 창작하는 기분으로 받아들였다. 취임식에서 이어령은 말했다. "나는 아무것도 없는 빈 벌판에 집을 세우러 가는 목수이다. 문화부의 네 기둥을 다 세워 놓고 나는 떠난다. 그때 정말 이 집 주인이 올 것이다." 이어령은 문화부 장관으로 재임하면서 한국예술종합학교 설립, 국립국어연구원 발족, 조선총독부 청사를 철거하는 경복궁 복원 계획 수립 등의 업적을 남겼다.

MINISTER OF CULTURE
REPUBLIC OF KOREA

Lee O young

디지로그

2006. 1. 1. ~ 2006. 2. 4.

아날로그와 디지털의 합성어. 이어령이 명명했다. 2006년 1월부터 30회에 걸쳐 연재한 신문 칼럼에서 이어령은 후기 정보 사회를 디지로그 시대로 정의했다. 디지털의 비트Bit와 아날로그의 아톰Atom이 공존 상생하는 문화의 등장을 예견한 것이다. 오늘날 우리는 온라인과 오프라인, 가상 현실과 실제의 경계가 모호한 세상에 살고 있다. 당시 그가 주장한 '어금니로 씹는 디지털(디지털의 육체성)'은 닌텐도 위Wii와 애플 아이폰의 성공으로 여실히 증명되었다.

지성에서 영성으로

2007. 7. 23.

이어령은 1970년대 신과 인간, 영성과 이성 등의 문제를 놓고 기독교계와 첨예한 논쟁을 펼쳤다. 그는 언제나 인간과 이성의 편에 섰다. 그랬던 그는 일흔에 홀로 떠난 교토 유학 생활에서 절대 고독을 느끼고 이성과 지성의 한계를 경험한다. 2006년 실명 위기에 놓인 딸의 아픔을 함께 겪으며 신앙의 문턱에 발을 올려놓는다. 2007년 7월 23일 일본 도쿄의 프린스 파크 호텔에서 고故 하용조 목사로부터 세례를 받는다. 이어령은 아직 지성과 영성의 문지방 위에 서 있다.

50여 년 전 어느 겨울밤, 아궁이의 연탄불이 꺼졌다. 냉기에 눈을 뜨니 어항 속에 화석처럼 박힌 금붕어가 보였다. 어쩔 줄 몰라 하던 아내는 어항에 뜨거운 물을 부었다. 얼음이 녹자 지느러미가 다시 살아 움직였다. 이날의 경험을 통해 이어령은 생명자본주의를 탄생시켰다. 물질에만 집착하다 침몰한 금융자본주의의 문제점을 극복하기 위해서는 돈을 위한, 돈에 의한, 돈의 자본주의에서 벗어나 생명을 위한, 생명에 의한, 생명의 자본주의로 거듭나야 한다고 그는 말했다. **b**

따님 때문에 애를 많이 쓰셨다.
구원받은 이후 신실하게 믿음 생활을 하고 계시는 것 같다.
삶 자체가 본받을 만한 분이라 생각한다.
일상도 훌륭하지만 무엇보다도 믿음을 본받았으면 한다.
언행일치가 되는 분인 것 같다. **온누리교회 김행옥 권사**

공영 방송에서 광고 대신 방영하는
〈80초 생각 나누기〉라는 짤막한 프로그램에서
이어령 선생님의 글을 보았다. 이분을 그때 알게 되었다.
작가라는 정도는 알고 있었지만 저서를 읽어 본 적은 없다.
이화여대에서 교수 생활을 하셨다는 사실은 몰랐다.
강민경, 이화여대 4학년

《축소지향의 일본인》을 읽었다.
소설은 본 적이 없어서 평가할 수 없지만
문화 비평은 흥미롭게 읽었다.
이어령 선생님이라고 하면 왠지 문학적이고
낭만적인 이미지가 먼저 떠오른다.
이지연, 이화여대 3학년

지식의 범위가 넓고 깊어 어릴 적부터 존경해 왔다.
이번 인천 아시안 게임 개막식 행사를 보면서 이어령 선생님이 떠올랐다.
이어령 선생님이 기획하셨던 88 서울 올림픽에 비해 여러모로 부족해 보였다.
다시금 이어령 선생님의 탁월함을 깨달을 수 있었다. **찰리 한, 41세, 대구대학교 회화과 교수**

교재, 교과서 편집자로 일하면서 이어령 선생님의 글을 국어 교과서에서 종종 접했다.
요즘 학생들에게도 생각을 바꾸고 깨우치게 할 만한 글들을 많이 쓰시는 것 같아
고루한 학자가 아니라 늘 새롭고 깨어 있는 젊은 학자이신 것 같다. **류미선, 28세, 회사원**

TALKS AND TALES

이어령 교수의 이성이 영민하고 날카로운 것은
분명한 사실이지만 과대평가된 부분도 있는 듯하다.
젊은 시절 이어령 교수의 에세이를 즐겨 읽었는데
참신하지만 대가다운 무게감이 들진 않았다.
시대의 지성이라기보다는 꾸준히 글을 써 온
지식인 정도가 적당하다고 생각한다.
박성훈, 43세, 광화문 교보문고에서 만난 독자

한국에서 이어령 씨 같이 탁월한 상상력, 창의력, 언어 감각을 가진 천재가
다시 나올 수 있을지 의문이다. 지성과 창조성의 수호자라는 사명을 받고 하늘에서 내려온 분 같다.
이런 천재에게 이 나라는 얼마나 좁고 답답한 영토였겠으며
지성의 난쟁이들과 관계의 달인들이 득세하는 세상은 얼마나 한탄스러웠을까? **네이버 아이디 mist****

나는 그가 열정적이며 대단한 산문가라는 사실엔
인색할 필요가 없다고 생각하지만,
정교한 문학 평론가는 아니라고 본다.
그의 산문은 너무 자신만만한 지적 의욕으로 넘쳐 있어
냉철한 이해를 방해한다. **트위터 @ro_roadwal********

이어령 선생님의 저서 중《흙 속에 저 바람 속에》,
《하나의 나뭇잎이 흔들릴 때》를 읽었다. 동서양을 아우르는
다양한 지식과 그 지식을 맞춤하게 풀어내는 발상에 놀랐고,
문장이 아름다워 또 한 번 놀랐다. 한때 수필가가 꿈이었는데
이어령 선생님의 에세이를 필사했던 기억이 있다.
몇 해 전 따님이 별세하셨다는 소식을 듣고 많이 안타까웠다.
이주원, 39세, 자영업

저는 젊은 세대라서 이어령 선생님을 잘 모르고 있었습니다.
하지만 최근 따님 이민아 변호사 때문에 관심을 가지게 되었는데,
이번 인터뷰(네이버캐스트 〈우리 시대의 멘토〉)를 읽고 큰 충격을 받았습니다.
지성인이라고 알고 있긴 해도 무수한 지성인의 정형화된 표본으로 머릿속에 그리고 있었는데,
젊은 저보다 훨씬 더 깨어 있는 생각, 틀에 갇히지 않는 자유로움. 파괴적일 정도의…
정말 대단하신 분이군요. 글을 읽고 존경하지 않을 수가 없게 되었습니다. **네이버 아이디 hisa********

이어령 씨의 강연을 듣다 보면 딴 생각할 틈이 없다.
주변에서 접하기 쉬운 예를 들어 설명하기 때문에 연사로 인기가 있는 것 같다.
온라인과 오프라인으로 인문학 강의를 자주 듣는 편인데,
일반 학자들과 이어령 씨의 강연은 확연히 다르다. 각자 장단점이 있다.
보통 대학교수들의 강연은 다소 지루해도 은근히 공부가 되는데,
이어령 씨의 강연은 분명 재미있지만 그때 한 번 놀라고 마는 것이지 두고두고 곱씹을 내용은 아니었다.
지나친 현학 때문이 아닐까. **허종명, 64세, 자영업**

텔레비전 토크쇼에 출연하신 것을 봤다.
여든 나이에도 여전히 현역에서 활동하시는 모습이 보기 좋았다.
고령화 사회로 접어들어 인생 2막을 준비하는 많은 분들에게
하나의 롤모델이 될 수 있겠다는 생각이 들었다. **신지홍, 36세, 회사원**

지성이라고 하면 바로 이어령이라는 이름이 생각날 만큼 워낙 좋아하는 분이라
대학 시절부터 오랫동안 여러 작품을 접해 보았지만 이번 책《지성에서 영성으로》만큼은
지성을 갈구하는 사람으로서가 아니라 영성을 갈구하는 사람으로서 접하게 되었다.
책을 읽으면서 '역시!' 하는 감탄사가 절로 나왔던 것은 이런 영적이고 감성적인 이야기,
누가 들어도 믿지 못할 이야기를 할머니가 손자에게 옛날이야기 해 주시듯
편안하게 풀어 나갔기 때문이다. **네이버 아이디 livew********

워낙 다양한 분야에서 활동한 이어령이기에 한마디로 말하기는 어려울 것 같다.
논리적으로 말을 구사할 줄 아는 달변가, 문학 평론가, 신문사 논설위원,
대학교수, 소설가, 초대 문화부 장관 등 그의 이력은 그가 살아온 나이만큼 다양하다.
이렇게 다양한 방면에서 활동했던 이어령을 나는 20대 시절에 만났다.
20대 시절 용돈을 아끼고 아껴서 이어령 전집을 구입한 것이 벌써 30년 전쯤의 기억이다.
그 당시 얼마나 이어령의 글을 좋아했는지《바람이 불어오는 곳》을 읽고는
이어령을 따라 유럽을 여행하는 꿈을 총천연색으로 꾸었다.
그 당시 내 친구들은 꿈은 절대로 천연색으로 꿀 수 없다고 했지만
내가 직접 경험했기 때문에 확실하다는 주장을 했고 이것 때문에 말싸움까지 했을 정도다.
이렇게 이어령은 내 젊음의 한때 우상이었다. **YES24 아이디 joy******b**

036

037

BRITISH OFFICIAL PHOTOGRAPH: CROWN COPYRIGHT RESERVED.
ISSUED FOR BRITAIN'S INFORMATION SERVICES BY THE
CENTRAL OFFICE OF INFORMATION, LONDON.

Two Editorial Writers from Korea are seen in this picture on
the terrace of the Houses of Parliament during their visit to
Britain as the guests of the Foreign Office and under arrange-
ments made by the Central Office of Information. They are,
from left, Mr Jungsun Suk, of the "The Korean Republic", Daily
Newspaper, Seoul, Korea and Mr Lee, O. Young of Kyunghyang
Shirmoon, National Daily Newspaper, Korea. Pictured with the
visitors are Mr J. H. Hollingworth, M.P., Mr Hervey Rhodes,
D.F.C., M.P., Mr Chung from the Korean Embassy and Mr Chung
(interpreter).
July, 1964
R 21463 A

040

041

biography

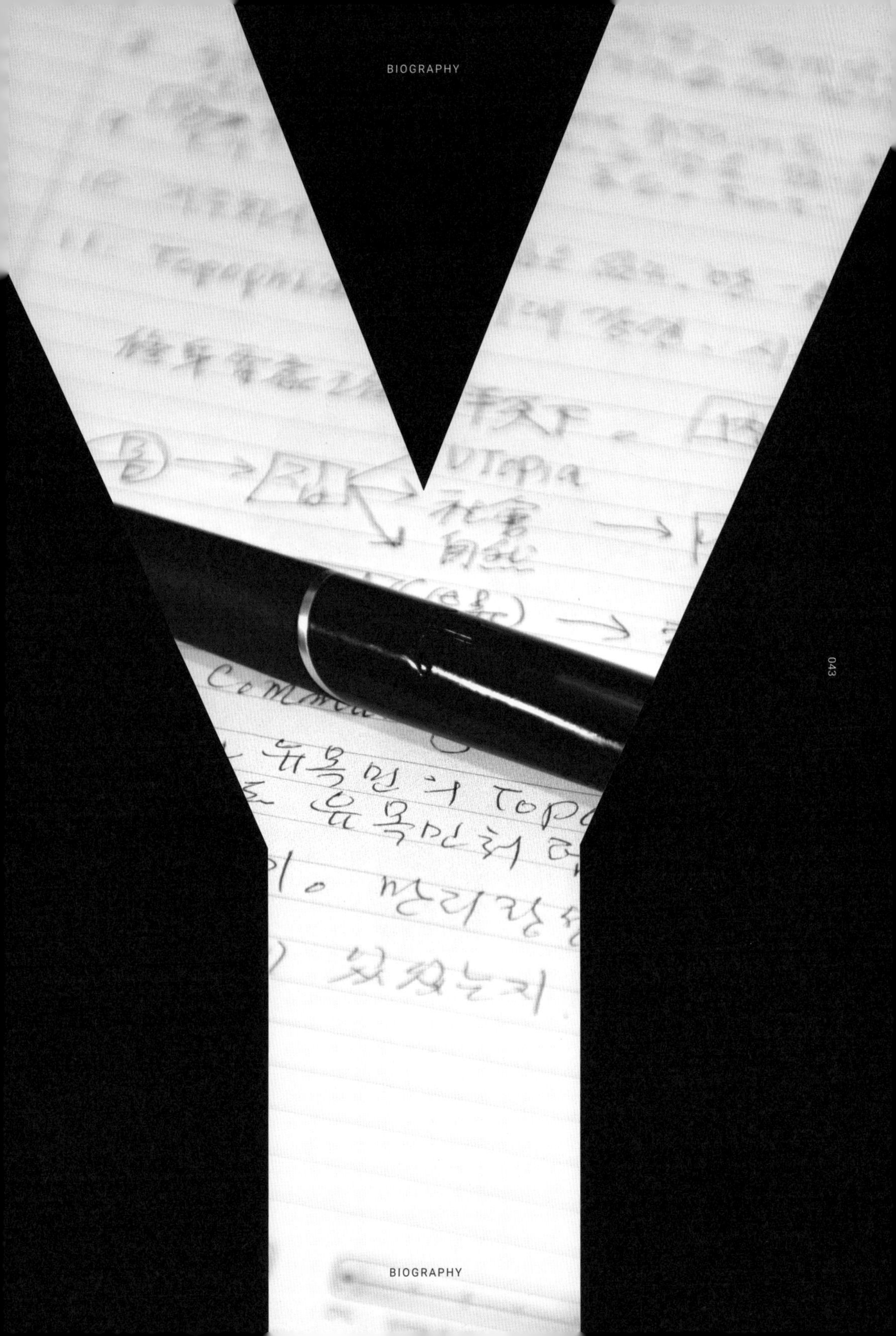

이 어 령 은 1 9 3 3 년 　　　　　충 남 아 산 군 온 양 읍 좌 부 리 에 서 5 남 2
의 　　　　막 내 로 태 어 났 다 서 울 대 학 교 와 동 대 학 원 국 문 과 를 　　　졸
하 고 단 국 대 학 교 에 서 문 학 박 사 학 위 를 받 았 다 　　　1 9 5 6 년 한 국 일
에 우 상 의 파 괴 를 발 표 해 우 상 화 된 문 단 원 로 들 을 파 괴 하 고 그 숭 배 자 들 의 각 성
요 구 했 다 　　　그 해 1 0 월 문 학 예 술 에 현 대 시 의 환
U M G E B U N G 와 환 계 U M W E L T 로 등 단 했 다 　　　1 9 5 9 년 신 문 과 잡 지
　　　발 표 한 비 평 을 모 아 첫 저 서 인 저 항 의 문 학 을 발 간 했 다 1 9 6 0

2 7 세 의 나 이 로 서 울 신 문 논 설 위 원 에 발 탁 된 이 후 　　　한 국
보 경 향 신 문 중 앙 일 보 조 선 일 보 를 거 쳤 다 1 9 6 3 년 초 대 형 베 스 트 셀 러 가 된
속 에 저 바 람 속 에 를 출 간 했 다 1 9 6 6 년 실 험 적 인 소 설 장 군 의 수 염 을 발 표 했
1 9 6 7 년 분 지 필 화 사 건 에 증 인 으 로
　　　출 석 해 장 미 파 이 프 의 비 유 등 숱 한 명 언 을 남 겼 다 이
여 대 국 문 과 교 수 로 재 직 했 고 　　　월 간 문 예 잡 지 문 학 사 상 을 창 간 했
1 9 8 1 년 도 쿄 대 객 원 연 구 원 으 로 일 본 에 체 류 했 다 1 9 8 2 년 축 소 지 향 의 일
인 을 일 어 로 _ 집 필 해 　　　일 본 에 서 발 간 했 다 일 본 인 과 일 본 문 화 를 축

향이라는키워드로분석한이책은일본독서계에커다란반향을불러일으켰다

988년서울올림픽개폐회식을총괄기획했다 1990년초대문

부장관에 취임했다2000년새천년준비위원회위원장을맡아즈

둥이탄생을전세계에생중계했다 2001년이화여대에서퇴임했

2006년디지로그를출간해디지털과아날로그사이의벽을허물자고

제안했다2007년실명위기에처한딸의아픔을함께겪으며기

교에귀의했다 2008년첫시집어느무신론자의기도를출간

고

한중일비교문화연구소를발족했다

009년유네스코세계문화예술교육대회조직위원장을맡았다2010년지

에서영성으로를출간했다 이무렵부터생명자본주의운동을개

했다2013년팔순잔치겸생명이자본이다 출판기념회를개최했다

이어령은현재한중일비교문화연구소이사장과중앙일보

문으로재직중이다 대한민국문화예술상체육훈장맹호장

본문화디자인대상대한민국 예술원상마사오카시키국제

하이쿠상 자랑스러운이화인상자랑스러운서울대인상등을수상했다

fore

1

이름을 얻는 데는 하룻밤이면 족했다. 그날 명동 동방살롱에 모인 예술인들은 신문을 집어 들고 한마디씩 하고 있었다. 한국일보 문화면 전면에 실린 〈우상의 파괴〉라는 평론 때문이었다. 몇 곳 안 되는 신문사에서 4면씩만 발행하던 때였다. 찻집 여기저기서 거친 말소리가 들렸다.

"거 참 맹랑한 놈일세."

"뭐하는 치래?"

"서울대학에서 문리대 학보를 편집했다던데."

"그래? 그 신문 이리 줘 보게."

〈우상의 파괴〉는 평론이라기보다 선언문에 가까웠다. 작자는 당대 문화 권력의 정점에 있던 김동리를 비롯해 거의 모든 문인들을 싸잡아 비판했다. 우상화된 문단 원로들의 현실 도피와 권위주의를 고발하고 그들을 맹종하는 젊은 세대를 향해 선전 포고를 날린 것이다. 비수처럼 던지는 단문과 참신한 문체에 비주류 문인들은 박수치며 환호했고 주류 문인들은 혀를 차거나 신문사에 항의 전화를 넣었다. 1956년 5월 6일, 대학을 갓 졸업한 만 22세 청년 이어령은 하루아침에 문단의 유명 인사가 되었다.

이어령은 구세대와 타협하지 않았고 문단 파벌에도 가담하지 않았다. 그래서 비판에 자유로웠다. 그는 내처 1957년 1월 11일 〈화전민 지대〉라는 시론을 발표해 구세대를 상징하는 황료한 땅에 불을 지르고 그 잿더미 위에 씨를 뿌리자고 했다. 얼마나 사나운 글이었는지 그를 두고 '붓 깡패'라 부르는 이들도 있었다.

1958년 이어령의 싸움닭 기질을 눈여겨본 김재순 선생은 그를 《새벽》지 최연소 편집위원으로 발탁한다. 흥사단 장이욱 박사가 만든 《새벽》은 당시 《사상계》와 쌍벽을 이루는 야당지였다. 이어령은 낮에는 경기고등학교에서 국어를 가르치고 밤에는 《새벽》을 만들었다. 그는 파격적인 편집 기획으로 지면의 반 이상을 할애해 문제 소설을 소개했다. 1959년 11월호에는 폴란드 작가 마렉 플라스코의 《제8요일》을 600장에 걸쳐 전재全載했다. 최인훈의 《광장》이 알려진 것도 이 기획을 통해서였다.

이 무렵 이어령은 《새벽》에서 〈썩어진 지성에 방화하라〉라는 지상紙上 시위를 기획해 '만송족晩松族'이라 불린 어용 지식인들과 자유당 독재 정권에 맞섰고, 신문과 잡지에 발표한 날선 글을 엮어 첫 저서 《저항의 문학》을 발간했다. 이승만 정권의 부패와 억압이 최고조에 달한 1959년이었다.

2

"우리들은 폭도가 아니다. 우리를 막지 말라!" 경무대 앞에 모인 학생들이 외쳤다. 바리케이드 뒤에 선 경찰 병력은 일제히 발포했다. 수십 명이 고꾸라졌다. 학생들은 흩어졌고 경찰이 그 뒤를 쫓았다. "이 새끼들아, 데모하라고 공부시켰어?" 검은 정복을 입은 경관은 쓰러진 학생을 군홧발로 짓밟았다. 고막을 찢을 듯 사이렌이 울리고 있었다. 1960년 4월 19일, 그로부터 이레 뒤 이승만 대통령은 하야했다.

4·19 이후 시인들은 무장한 언어로 시위 대열에 합류했다. 그들은 하와이로 망명한 이승만을 조롱하고 능멸했다. 4·19 전까지 저항 문학의 선봉에 섰던 이어령은 당혹스러웠다. 저항하지 않던 자들은 저항할 대상이 사라지자 시체에 매질을 하듯 필봉을 휘둘렀다. 거리엔 권력을 쫓는 무리가 넘쳐났고 광장엔 시류에 편승한 정치 단체가 난립했다. 사회는 극도로 혼란스러웠다. 숭고하던 4·19 정신이 왜곡되고 있었다.

이어령은 4·19의 순수한 정신이 특정 정치 세력에게 이용되는 것을 보면서 권력과 이념과 정치에 환멸을 느꼈다. 모든 것을 태우는 프로메테우스의 언어로는 파괴할 수 있을 뿐 창조할 수 없었다. 이어령은 불의 언어를 버리고 분열된 존재를 이어주는 헤르메스의 언어(지팡이)를 채택한다. 1963년 출간해 그해에만 30만 부가 팔린 에세이집 《흙 속에 저 바람 속에》와 같은 저작들은 동양과 서양을 잇는 헤르메스 언어의 산물이었다. 뒤의 일이지만 이어령은 헤르메스의 언어에 안주하지 않고 오르페우스의 수금竪琴처럼 상충하는 것을 융화하는 언어로 다시 한번 옮겨 간다.

혹자는 순수 문학을 추구한 이어령을 현실에 눈감은 지식인이라 비판한다. 그러나 그들은 언론인 이어령에 대해서는 언급하지 않는다. 이어령은 4·19 이후 자유 언론으로 재생한 서울신문 논설위원을 시작으로 한국일보, 경향신문, 중앙일보, 조선일보를 거치며 엄정한 평필로 현실을 고발해 왔다.

군사 정변이 일어나기 3개월 전인 1961년 2월 14일, 마침내 이어령은 저항 문학에 종언을 고하고 순수 문학으로 돌아선다. 당시 동아일보에 게재한 칼럼을 통해 그는 이렇게 말했다.

"카스토르여! 그대는 사월이 가려던 포도鋪道, 그 포도 위에서 총성과 연막탄 속에서 죽어간 젊은 영혼을 생각하고 울 것이다. 그러나 슬픈 카스토르여, 그들의 죽음은 곧 또 다른 손에 의해서 매장되고 헐리고 이용되고 하는 그 운명을 울어야 한다. 빙산은 다이너마이트로 부술 수 없다. 의식의 계절을 바꾸는 언어로 녹일 수밖에 없다."

3

변호사 이 소설이 반미적인가?

이어령 이 소설은 하나의 상징이므로 친미도 반미도 아니다.

변호사 저항 문학이란 무엇인가?

이어령 문학은 본질적으로 저항이다. 아무리 평화 시대라도 작가는 저항성을 지닌다.

변호사 북괴에 동조했다는 데 대해서는?

이어령 작자는 달을 가리키는데 보라는 달은 안 보고 손가락만 보는 격이다. 장미가 뿌리를 갖고 있는 것은 꽃을 피우기 위해서지 사람에게 담배 파이프를 주기 위해서가 아니다. 남정현의 〈분지糞池〉는 창작 과정의 꽃이다. 그가 만일 다른 의도로 썼다면 상징적, 우화적 수법이 아니라 준거가 확실한 리얼리즘 기법으로 썼을 것이다.

검사 나는 이 소설을 읽고 놀랐다. 증인은 이 소설이 용공적이라 보지 않는가?

이어령 나는 놀라지 않았다. 병풍 속 호랑이를 진짜 호랑이로 아는 자는 놀라겠지만 그것을 그림으로 아는 자는 놀라지 않는다. 〈분지〉는 소설이지 신문 기사가 아니다.

검사 증인은 반공 의식이 약한가?

이어령 내 사상은 내가 써 온 글과 저작물들이 증인이 되어 줄 것이다.

1967년 2월 8일 서울지법 214호 법정에서 반공법 위반으로 구속된 소설가 남정현의 4회 공판이 열렸다. 검찰은 그의 소설 〈분지〉가 "반미 감정과 반정부 의식을 고취하고 북괴의 대남 적화 전략에 동조했다"고 소추했다. 그 시절 반공법 사건에 연루되는 것은 멸문과 동의어였다. 더구나 그해 1월에는 해군 초계함이 북한 해안포에 격침당하는 사건이 있었다.

남정현이 법정에 섰을 때 그를 변호한 것은 현실 참여를 외친 문인들이 아니었다. 오히려 그들이 현실과 타협했다고 비난한 이어령이었다. 이어령은 문학이 정치의 도구가 되는 것에는 단호히 반대했지만 문학의 자유만큼은 끝까지 옹호했다. 훗날 남정현은 이어령의 증언으로 몇 분 만에 법정 분위기가 역전됐다고 회고했다.

1975년 3월 한승헌이 필화 사건으로 고초를 겪을 때도 이어령은 법정에 섰다. 검사는 "한승헌과 친구 사이라서 감싸는 것 아니냐"고 이어령에게 물었다. 이어령은 답했다. "여러분이 법을 지키기 위해 이곳에 있듯 내게도 지켜야 할 법이 있다. 그것은 문법, 수사법, 맞춤법, 창작법이다. 나는 친구를 돕기 위해 온 것이 아니다. 문학과 창작의 법을 지키기 위해 이곳에 온 것이다."

4

"상처진 자에게는 붕대와 같은 언어가 될 것이며, 폐를 앓고 있는 자에게는 신선한 초원의 바람 같은 언어가 될 것이며, 역사와 생을 배반하는 자들에겐 창끝 같은 도전의 언어, 불의 언어가 될 것이다. 종鐘의 언어가 될 것이다. 지루한 밤이 가고 새벽이 어떻게 오는가를 알려주는 종의 언어가 될 것이다."

1972년 10월 이어령은 월간 《문학사상》을 창간하고 초대 주간이 된다. 그는 창간호 권두언을 통해 새벽을 알리는 종의 언어가 되리라 다짐했다. 《문학사상》은 파벌 문학을 파괴하고 만인의 문학이 되고자 했다. 이어령은 작가의 소속과 성향을 따지지 않았다. 다만 작품의 수준을 따졌다. '창비파(창작과 비평)'와 '문지파(문학과 지성)'는 있어도 '문사파'는 없는 이유다.

《문학사상》은 자료 조사실을 두고 김소월, 이상, 윤동주의 미발표작을 발굴했고, 해외 특파원 제도를 만들어 세계 문학의 동향을 국내에 알렸다. 표지에 작가의 초상화를 싣고 작품마다 '필자와의 대화' 지면을 넣는 등 획기적인 편집 방식을 도입했다. 문예지에서는 처음 시도되는 작업들이었다. 창간호는 2만 부를 찍어낸 지 1주일 만에 1만 부를 재판再版할 정도로 큰 인기를 끌었다. 1970년대 후반에 들어서는 잡지 발행부수가 월 5만 부를 상회했다.

문학사상사는 요절한 천재 작가 이상의 문학적 업적을 기리기 위해 1977년 이상문학상을 제정한다. 1회 수상작은 김승옥의 〈서울의 달빛 0장〉이었다. 김승옥의 수상 뒤에는 이어령의 헌신적인 도움이 있었다. 1960년대 초반 〈무진기행〉, 〈서울 1964년 겨울〉 등을 발표하며 '감수성의 혁명'으로 불린 김승옥은 10년 가까이 소설을 쓰지 않고 영화판을 기웃거렸다. 김승옥의 문재文才를 아낀 이어령은 호텔방을 잡아 주고 소설에 전념하게 했다. 김승옥이 호텔을 빠져나가면 다시 데려와 펜을 쥐여 주었다. 그렇게 애를 태워 나온 작품이 〈서울의 달빛 0장〉이었다. 당초 김승옥은 장편으로 구상하고 집필했던 터라 〈서울의 달빛〉이라 제목을 짓고 '서장序章'이란 의미로 '0장'을 덧붙였다. 원고를 검토한 이어령은 서장만 가지고도 나름의 완결성이 있다고 판단했다. 김승옥에게 다음 장 원고를 받아 내는 일도 쉽지 않을 터였다. 이어령은 그 작품을 〈서울의 달빛 0장〉으로 개제하고 《문학사상》 1977년 7월호에 싣는다.

첫 수상자인 김승옥을 필두로 이청준, 오정희, 박완서, 최인호, 이문열, 최수철, 신경숙, 김훈, 김연수, 김영하, 김애란 등이 이상문학상의 영예를 안았다. 올해로 38회째를 맞은 이상문학상은 한국 현대 문학의 대표 브랜드로 자리 잡았다.

이어령은 1972년 10월부터 1985년 12월까지 《문학사상》의 경영과 편집을 도맡았다.

5

"8년 전 프랑스에 가는 길에 일본을 거쳐 가면서 일본인이 쓴 일본론日本論을 읽으니 주로 빵과 밥을 비교하는 일본론이더군요. 나는 빵과 밥을 비교해서는 안 된다, 밥과 밥을 비교해 보아야 한일의 특성이 드러난다고 했더니 옆에서 듣고 있던 학생사學生社의 쓰루오카 사장이 '책 한 권 냅시다'라고 말하더군요."

1981년 이어령은 일본 도쿄대학에서 1년간 연구 생활을 한다. 한국에선 저명한 문인이자 학자, 언론인이었지만 그곳에선 평범한 초로의 남성이었다. 이어령은 신주쿠 근처의 민가에 작은 방 하나를 얻어 자취하며 책을 읽고 글을 썼다. 그때 나온 책이 일본과 일본인을 '축소지향'이라는 키워드로 분석한 《축소지향의 일본인》이다. 이어령은 이 책을 일어로 직접 썼다. 《축소지향의 일본인》은 출간 5개월 만에 16쇄를 찍으며 12만 부가 팔렸다.

당시 요미우리신문은 "근시안이 안경을 썼을 때의 느낌"이라 평했고, 마이니치신문 등 일본 주요 언론은 외국인이 쓴 일본 문화론이 이토록 커다란 파장을 몰고 온 것은 루스 베네딕트의 《국화와 칼》 이후 처음이라며 대서특필했다. NHK는 정규 뉴스 시간에 15분을 할애해 이어령을 화제의 인물로 소개했다. 일제 강점기에 모국어를 잃은 아이가 그때 배운 일어로 일본 문화를 풀어 쓴 책이 일본에서 베스트셀러가 되었으니 실로 감격적인 일이었다.

기존 일본이론은 서구와 비교해 일본에만 있는 현상을 통해 일본인의 의식을 분석했다. 그러나 일본적인 것의 대다수는 한국과 중국에도 존재하거나 한국과 중국의 영향을 받아 생성된 것이었다. 이어령은 이 점을 파고들었다. 서양이 아닌 동양에서 일본만이 지니는 고유한 특성을 파악해야 일본과 일본인의 본질에 접근할 수 있다고 생각했다. 이어령은 하이쿠, 쥘부채, 미니어처 인형, 도시락, 문고본, 분재, 워크맨 등 비근한 예를 들어가며 일본은 큰 것을 작은 것으로 축소할 때 고유의 특성이 강해져 성공한다고 주장했다. 반대로 임진왜란이나 대동아전쟁처럼 확대를 지향할 때는 파국을 맞는다고 경고했다. 이어령은 《축소지향의 일본인》 외에도 《가위바위보 문명론》, 《하이쿠의 시학》 등을 일본에서 출간했다. 일본 지식인들은 한국의 대표적인 지식인으로 이어령을 꼽는다.

2009년 이어령은 나라현립대학 명예학장(우리 대학의 총장 개념)으로 추대된다. 아라이 쇼고 나라 현 지사는 1300년 전 백제인의 도움으로 나라 아스카 문화를 열었다며 한국의 대표적 문화인인 이어령에게 감사 표시로 학장직을 제안했다. 그러나 이어령은 사양하고 명예학장을 택한다. 일본 국공립 대학에서 외국인을 명예학장으로 위촉한 것은 처음이었다.

6

"어린애가 하루에 논 몇 마지기에 벼를 심을 수 있으면 농림부에서도 그런 학교 하나 만드시고, 어린애가 여기를 파면 석유가 나오고 저기를 파면 가스가 나오고 하면 동자부(동력자원부)에서도 그런 학교 만드세요."

문화부가 예술 인재를 위한 특수학교를 설립하려하자 다른 부처의 반발이 만만치 않았다. 5분 발언을 요청한 이어령은 예술의 특수성을 강조했다. 국무회의장이 술렁였다. 듣고 있던 정원식 총리가 의사봉을 두드리고 한국예술종합학교 설치령을 통과시켰다. 1991년 12월 19일 제63회 국무회의를 끝으로 이어령은 문화부 장관직에서 물러났다.

1990년 1월 3일 이어령은 초대 문화부 장관으로 취임한다. 공직에는 뜻이 없어 두 번이나 사양했지만 문화부가 새로 출범하는데다 언론에 확정 보도까지 나자 더는 거절할 수 없었다. 이어령은 직접 사의를 표명하기까지 2년 동안 많은 업적을 남겼다. 한국예술종합학교를 설립했고 국립국어연구원을 발족했다. 예술인 창작마을 설립, 쌈지공원 조성, 국방부 예술부대 창립, 조선총독부 청사를 철거하는 경복궁 복원 계획 발표는 물론 빈병 5만 개로 만든 대전엑스포 리사이클관도 그의 아이디어에서 시작된 것이었다. 지금은 익숙한 '갓길'이란 용어도 이어령이 만들었다. 과거엔 '노견路肩'이라는 일본식 표현을 사용했는데 1988년 건설교통부가 '길어깨'로 법령 용어를 정비했다. 그러자 이어령이 어느 나라 말이냐며 반대하고 '갓길'을 제안한 것이다. 2001년 서울대 김호균 박사가 고위 공무원들을 상대로 설문한 결과, 역대 문화부 장관 9명 중 가장 성공한 장관으로 이어령이 꼽혔다.

이어령이 초대 문화부 장관으로 임명된 데는 1988년 서울 올림픽의 성공을 빼놓을 수 없다. 이어령은 박세직 조직위원장의 청으로 서울 올림픽 개·폐회식 행사를 총괄 자문 기획했다. 전쟁고아의 나라에서 올림픽을 개최할 정도로 성공한 나라임을 보여주기 위해 잠실벌에 굴렁쇠를 굴렸다. 개막식 퍼포먼스를 지켜본 한 시인은 운동장에 정적이란 시가 쓰였다고 평했다. 폐막식에서는 인공 달을 띄우고 분무기로 안개를 만들어 한국적 정취靜趣를 재현하는 등 인류의 보편적 정서를 담아내면서도 서양과 차별성을 갖는 데 주력했다. '벽을 넘어서'라는 올림픽 구호도 그의 작품이었다.

이때부터 이어령은 말과 글을 다루는 사람에서 크리에이터로서의 면모를 본격적으로 드러내기 시작한다. 이후 문화부 장관을 거쳐 새천년준비위원회 위원장, 한·일 월드컵 문화관광의장, 유네스코 세계문화예술교육대회 조직위원장을 맡아 국가적 문화 행사를 진두지휘했다.

7

학관 3층 강의실에서 내다본 캠퍼스는 눈부셨다. 내리는 눈에 강의실이 말갛게 빛났다. 국문과 여학생들은 가슴이 설렜다. 이어령이 강의실로 들어서자 여학생 하나가 손을 들었다. "선생님, 오늘 휴강해요. 우리는 눈 내리는 걸 문학적으로 감상할 자격이 충분해요. 이것도 공부잖아요." 이어령은 빙긋이 웃으며 왜 수업을 해야 하는가에 대해 기호학적으로 설명했다. 그날 이화여대 국문과 학생들은 황순원의 〈독 짓는 늙은이〉를 기호학적으로 분석하는 법을 배웠다. 일찍부터 이어령은 세상이 아끼는 문필가였지만 인간관계만큼은 늘 서툴렀다. 좀처럼 곁을 주지 않았고 자기를 낮추는 겸양도 부족했다. 저녁 6시 이후에는 약속을 잡지 않고 집필에 전념했다. 다작과 달문은 거저 주어지는 것이 아니었다. 아내와 아이들은 서재에 앉은 이어령의 등만 보고 살았다. 1958년 임용된 경기고등학교에선 교장과 다투고 나왔고, 모교 서울대에선 당시 인기 강사였던 그를 채용하려하자 연판장까지 돌리며 반대하는 교수도 있었다. 과거 그 교수의 글을 이어령이 혹독하게 비평한 탓이었다.

그런 그를 받아 준 곳이 이화여대였다. 당시 김옥길 총장은 주머니 속의 송곳 같은 이어령을 보고는 저 사람은 내가 없으면 안 되겠구나, 하고 이어령을 품어 주었다. 이어령은 이화여대에 적을 두고도 신문사 논설위원, 《문학사상》 주간 등 다양한 일들을 계속 벌였다. 교수 회의에도 좀처럼 참석하지 않았다. 동료 교수들이 이어령의 겸직이나 잦은 휴강을 문제 삼을 때마다 김 총장은 저이는 사회와 나누어 가져야 한다며 그를 감쌌다. 이어령은 이화여대에서만 교수, 석학교수, 석좌교수, 명예 석좌교수를 지냈다. 한곳에 오래 머무르지 못하는 그로선 기적 같은 일이었다.

2001년 6월 7일 '한국 문화의 뉴 패러다임'이라는 과목의 종강 수업을 끝으로 이어령은 강단을 떠났다. 그가 마이크를 내려놓자 학생들은 자리에서 일어나 박수를 보냈다. 어느덧 중년을 넘긴 옛 제자들은 꽃다발을 건넸다. 1967년 이화여대에 부임한 이래 문화부 장관 재임 등 공백기를 제외하고 이어령은 28년간 이화여대에서 강의했다.

평론가, 소설가, 시인, 언론인, 교수 등 다양한 직함을 가진 이어령에게 어떤 호칭으로 불리고 싶으냐고 제자가 물었을 때 그는 선생으로 불리고 싶다고 답했다. 창조적 사고를 멈추지 않고 새로운 생각을 남들과 나누고 실천으로 옮기는 이어령은 몇 안 되는 이 시대의 선생이다.

2011년 이어령은 '자랑스러운 이화인' 상을 수상했다. 2006년에는 모교 서울대에서 '자랑스러운 서울대인' 상을 받았다.

8

딸 민아는 새벽 기도에 가려던 참이었다. 이어령은 창문을 열고 계단을 내려가는 딸에게 큰 소리로 말했다. "교회에 가니?" 민아가 뒤를 돌아보았다. 기쁨을 감출 수 없는 얼굴. 하늘의 아버지가 딸을 기쁘게 해 주는 동안 지상의 아버지는 무얼 했을까. 이어령은 딸에게 완벽한 아침을 선사하고 싶었다. "목사님 만나면 나 세례받는다고 해!" 이어령이 외쳤다. 가파른 돌계단 위로 햇살이 비치고 있었다.

그날 민아는 교회에서 간증하며 아버지가 세례받기로 한 사실을 밝혔다. 그 자리에 있던 기자가 이튿날 신문에 대서특필했다. 기사 제목은 〈이어령, 이성을 넘어 영성으로〉였다. 한국의 대표적 지식인 이어령의 기독교 귀의는 세간의 화제가 되었다.

이어령의 장녀 이민아는 학창 시절부터 수재였다. 이화여대 영문과를 조기 졸업하고 미국으로 건너가 LA지방법원 검사와 변호사로 일했다. 교민 사회에선 성공한 한인이었지만 시련이 찾아든다. 재혼해서 얻은 둘째 아이가 ADHD(주의력결핍 과잉행동장애)를 겪는다. 아이를 받아 주는 학교는 없었다. 이민아는 하나님의 기도 응답을 받고 하와이로 건너간다. 그곳에서 아이의 증상은 호전되지만 이민아는 갑작스런 망막박리증세로 실명 위기에 처한다.

소식을 들은 이어령은 하와이로 날아갔다. 민아를 따라 그곳의 작고 허름한 교회에서 예배를 드렸다. "만약 민아가 어제 본 것을 내일 볼 수 있고 오늘 본 내 얼굴을 내일 또 볼 수만 있게 해 주신다면 저의 남은 생을 주님께 바치겠나이다." 무신론자 이어령은 눈물을 흘리며 기도했다. 이어령은 딸을 데리고 귀국해 한국의 병원을 찾았다. 의사는 망막 손상이 발견되지 않는다고 진단했다. 이어령은 가슴이 터질 듯 기뻤지만 하나님과의 약속이 부담스러웠다. 민아가 다시 하와이로 돌아가기 전날, 이어령은 하나님과의 약속대로 세례를 받기로 한다.

이어령이 종교에 귀의한 결정적 계기는 딸의 실명이었지만 인간의 실존적 외로움을 느낀 것은 2003년 일본 교토에서였다. 시집《어느 무신론자의 기도》를 쓴 것도 그때였다. 이어령은 일본 문화연구센터 연구원으로 교토에 홀로 체류하며 절대 고독을 느꼈다. 여섯 살 때 귀가 멍할 정도로 햇볕이 내리쬐던 어느 날 까닭 없이 눈물을 흘렸던 순간과 크게 다르지 않았다. 일본에서 돌아온 이어령은 어렴풋이 자리한 영성을 깨닫는다.

2007년 7월 이어령은 고故 하용조 목사로부터 세례를 받는다. 그리고 두 달 후 원인 모를 병으로 스물다섯 살 외손자를 먼저 떠나보낸다. 2012년 3월 딸 민아도 암으로 세상을 떠난다. 이어령은 여전히 지성과 영성의 문지방에 서 있다.

9

"빅 데이터란 법칙화하기 어렵고 살면서 경험할 수 없는 것을 알게 해 주는 데이터입니다. 우주의 모든 데이터가 빅 데이터인데 사람들이 관심을 가지는 빅 데이터는 오직 컴퓨터로 인한 데이터베이스에 한정되어 있습니다."

2014년 9월 30일 이어령은 '2014 데이터 그랜드 컨퍼런스' 기조연설에서 빅 데이터 미래 전략을 제시했다. 여든이 넘은 노학자는 빅 데이터에 대한 인식을 전환해야 한다고 주장했다. 최근 그는 '제3의 산업혁명'이라는 3D 프린터에 대해서도 자료를 수집하고 있다. 언론에서 연재 중인 기획물의 제목처럼 이어령은 지知의 최전선에서 한 발짝도 벗어난 적이 없다.

2006년 새해 첫날 이어령은 중앙일보 1면에 〈디지로그 시대가 온다〉는 칼럼을 발표했다. 30회 연재된 글을 통해 후기 정보 사회의 방향을 예측하고 나아갈 길을 제안했다. 디지로그는 디지털과 아날로그를 하나로 합친 신조어로 인간의 신체성을 디지털을 통해 연장하는 것이다. 디지털 사회로 급속도로 전환되고 있지만 오늘날 완전히 디지털적인 것도, 아날로그적인 것도 없다. 이어령은 온라인과 오프라인, 비트와 아톰, 가상 현실과 실제 현실 등 2항 대립 체계를 해체하고 새로운 개념을 구축해야 한다고 주장했다.

2008년 이어령은 한중일비교문화연구소를 발족한다. 이어령은 중국과 일본 사이에 있는 우리나라만이 중국의 대륙 문화와 일본의 해양 문화를 아우를 수 있다고 보았다. 이어령은 한중일의 관계를 가위바위보에 빗댄다. 주먹과 보자기만 있으면 서로 먹고 먹히는 2항 대립이 벌어지지만, 주먹과 보자기 사이에 가위(한국)가 있어 3항 순환을 일으킬 수 있다는 것이다.

2010년 이어령은 생명자본주의 운동을 개시한다. 생명자본주의란 생명이 밑천이 되는 자본주의를 말한다. 생명을 낳고 키우고 생명에서 배우는 모든 것이 자본이 되어 국가와 사회, 개인을 번영하게 한다는 것이다. 예컨대 과거엔 나무를 베어 쪼개야 목재라는 자본이 되었지만 지금은 남이섬의 메타세쿼이아처럼 베지 않고 잘 가꾸기만 해도 자본이 될 수 있다. 이어령은 리먼 쇼크로 대표되는 금융자본주의의 몰락을 지켜보면서 생명과 사랑의 자본주의를 구상했다.

젊은 날부터 생명은 이어령의 화두였다. 등단작 〈현대시의 환위UMGEBUNG와 환계 UMWELT〉는 생태학 이론을 차용했고, 문화부 장관 때 직원들에게 강조한 바위의 이끼가 되라는 당부도 생명과 맞닿아 있다. 새천년준비위원장 시절 즈믄둥이(밀레니엄 베이비)의 탄생을 전 세계에 인터넷으로 생중계한 것도 생명에 대한 남다른 집착이 있었기에 가능했다.

중앙일보 고문이기도 한 이어령은 요즘도 거의 매일 사무실에 나간다. **b**

HISTORY

1933	충남 아산군 온양읍 좌부리에서 5남 2녀 중 막내로 출생(12월 29일)	
1940	호적에는 1934년 1월 15일 출생으로 기록됨 / 명륜소학교 입학	
1946	공주중 입학	
1950	학도의용군으로 참전	6.25 전쟁 발발
1952	부여고 졸업, 서울대 입학	휴전 협정
1954	서울대 문리대 해예부장 문리대 학보에 <이상론> 게재	개헌안 사사오입 통과 처리
1955	서울대 졸업, <우상의 파괴>(5월).	
1956	문학예술에 <현대시의 환위와 환계>로 등단(10월)	
1958	결혼(10월 23일), 경기고등학교 교사	
1959	첫 저서 <저항의 문학> 출간	
1960	서울대 대학원 졸업, 서울신문 논설위원, 서울대 국문과 시간강사	4.19 혁명, 이승만 대통령 하야, 장면 내각 성립
1961	한국일보 논설위원	5.16 군사 정변
1962	경향신문 논설위원	
1963	<흙 속에 저 바람 속에> 출간	박정희 정부 수립
1965	중앙일보 논설위원	
1966	<장군의 수염> 발표, 조선일보 논설위원	

190

연도	생애	시대
1967	〈분지〉 필화 사건 증인 출석. 이화여대 국문과 조교수, 교수	
1972	문학사상 창간(10월)	• 7.4 남북공동성명. 10월 유신
1973	경향신문 파리 특파원(1973. 2 ~ 1973. 8)	• 6.23 평화 통일 선언
1979		• 박정희 대통령 피격 사망(10.26)
1980	도쿄대 객원 연구원	• 5.18 민주화 운동, 전두환 정부 수립
1981		
1982	《축소지향의 일본인》 일어로 출간	
1987	단국대에서 〈유치환론〉으로 문학 박사 학위 수여	• 6월 민주 항쟁. 6.29 민주화 선언
1988	88 올림픽 개·폐회식 기획	• 노태우 정부 수립
1989	이화여대 명예교수	
1990	초대 문화부 장관 취임(1월 3일)	
1993		• 김영삼 정부 출범
1994	대한민국 예술원 회원	
1995	이화여대 석좌교수	
1997		• IMF 사태
1998	새천년준비위원회 위원장	• 김대중 정부 출범
1999		• 남북정상회담
2000	이화여대 퇴임. 중앙일보 고문	
2001		
2003	일본문화연구센터 연구원으로 교토 체류(~2004)	• 노무현 정부 출범
2006		
2007	《디지로그》 출간	
2008	기독교 세례 받음(7월 23일)	• 이명박 정부 출범
2009	사임 〈어느 무신론자의 기도〉 출간. 한중일비교문화연구소 발족	
2010	경기창조학교 초대 교장. 유네스코 세계문화예술교육대회 조직위원장	
2013	〈지성에서 영성으로〉 출간. 일본 나라현립대 명예학장 맞은 전자 겸 〈생명이 자본이다〉 출간 기념회	• 박근혜 정부 출범

062

SIMILARITY
LIN YUTANG

린위탕(林語堂·임어당) 1895~1976

린위탕과 이어령은 여러 면에서 닮았다. 중국의 지성이라 불리는 린위탕은 중국과 서양을 비교하여 분석한 문명 비평가이자 뛰어난 산문가, 평론가였다. 초년에는 문학의 사회 참여에 적극적이었지만 서른 살 전후로 유머와 한적을 내세운 서정적인 소품문을 주로 썼다. 중국어와 영어로 작품 활동을 했고 국내보다 국외에서 더 높은 평가를 받았다. 말년엔 기독교에 귀의했다. 문예지 《논어論語》와 《인간세人間世》를 창간해 화제를 모았고, 《경화연운》, 《생활의 발견》, 《이교도에서 기독교인으로》 등 50여 권의 저서를 남겼다.

린위탕과 루쉰은 1930년대 중국 문예계의 양대 거두였다. 일찍이 둘은 뜻을 같이했으나 루쉰이 계몽과 혁명을 위한 신문학 운동을 주창한 반면, 린위탕은 유머와 여유를 지닌 소품문(사생과 수상 등의 짧은 문장) 운동을 전개하면서 문학적으로 갈라서게 된다. 1930년대 중국은 일본의 침략과 정치적 혼란으로 격변기를 보내고 있었다. 이런 시대적 상황으로 인해 린위탕은 조국의 사회적 문제를 외면하고 일상에 숨은 지식인으로 폄하되기도 한다.

1920년대까지만 해도 린위탕은 루쉰에 뒤지지 않는 진보적 지식인이었다. 깡패 기질이 다분해서 부패한 권력에 욕도 서슴지 않았다. 린위탕과 루쉰 사이에 균열의 조짐이 나타나기 시작한 것은 1925년이었다. 베이징여자사범대학에서 발생한 소요 사태로 교육총장은 사퇴하고 톈진으로 달아난다. 린위탕은 성난 군중을 향해 "물에 빠진 개는 때리지 말자. 이미 패배한 사람에게 더 이상 공격을 가해서는 안 된다"고 주문했다. 이에 루쉰은 "사람을 무는 개라면 물에 빠졌든 안 빠졌든 무조건 때려야 한다"고 반박했다. 개인의 실제적 삶을 중심으로 사회를 인식하려 한 린위탕의 본성이 드러나는 대목이다.

린위탕은 1895년 중국 복건성 평화현 시골 마을에서 태어났다. 개신교 목사였던 아버지의 영향으로 초등학교에서 대학교까지 기독교 학교를 다니며 서양식 교육을 받았다. 상하이 세인트존대학을 졸업하고 미국으로 건너가 하버드대학에서 석사 학위를, 독일 라이프치히대학에서 언어학 박사 학위를 받았다. 1923년 귀국해 베이징대학, 베이징여자사범대학 등에서 영문학과 언어학을 가르쳤다. 이 무렵 그는 급진적인 학생들의 시위를 적극 지지했고, 루쉰과 함께 《어사語絲》 동인회에서 활동하며 반제와 반봉건을 외쳤다. 1920년 중반 중국은 국공 합작으로 국민 혁명이 한창이었다.

1927년 국민당의 혁명을 기대하고 우한 정부의 외교부장 비서로 일했으나 혁명가들의 한심한 작태에 환멸을 느끼고 국민당을 떠나 상하이로 갔다. 그 뒤로 린위탕은 문학을 통한 직접적인 사회 참여와는 거리를 둔다. 훗날 그는 자신의 문학관에 대해 이렇게 술회했다.

"정부 당국으로부터 단속과 통제를 받지 않았더라면 아마도 나는 영영 문학가가 될 수 없었을 것이다. 그 엄격한 단속과 통제는 나로 하여금 또 다른 지름길, 즉 내 사상을 표현하되 뛰는 놈은 뛰는 놈, 기는 놈은 기는 놈이라고 직접 지목하지 않고서도 그 뉘앙스를 독자들에게 전할 수 있는 방법을 모색하게 만들었다." 《현실+꿈+유머》, 시나북스, 2005.

1928년 출간한 영어 교재 《개명 영문독본》의 성공으로 그는 인세로 먹고살 수 있는 몇 안 되는 문인이 되었다. 1932년 유머와 풍자를 곁들인 격주간지 《논어》를 창간했고, 1934년에는 순수 산문소품 간행물 《인간세》를 펴내 소품문을 유행시켰다. 좌익 문단은 린위탕의 유머 문학에 대해 "민족적 위기가 날이 갈수록 엄중하고 계급 투쟁이 첨예한 이때 한가하게 유머 문학을 주장하는 것은 가당치 않다"며 비판했다. 린위탕은 자신이 연구하고 있는 한자 색인 방법과 중문 타자기 개발을 거론하며 "유머 문학은 남이 하지 않으니까 내가 한 것이다. 남이 앞서 한 것이라면 나는 절대 하지 않았을 것"이라고 반론했다.

1935년 영문으로 집필한 《중국, 중국인My Country and My People》을 미국에서 펴냈다. 중국인의 국민성과 생활 양식을 서구와 비교해 예리하게 분석한 이 책은 출간 즉시 미국과 유럽에서 큰 인기를 끌었다. 소설 《대지》의 작가 펄 벅 여사는 "중국에 관한 가장 완벽하고도 중요한 도서"라고 극찬했다. 중국인이 영어로 쓴 작품이 미국에서 화제가 되자 중국 본토에서도 린위탕의 인기가 치솟았다.

1936년 42세 때 미국으로 이주한 린위탕은 이듬해 수상집 《생활의 발견The Importance of Living》을 출간했다. 중국 고전에 대한 박람강기한 지식을 바탕으로 일상의 지혜를 설파한 《생활의 발견》은 52주 동안 전미 베스트셀러 1위에 올랐고 30개국 언어로 번역되었다. 우리나라에도 1963년 번역 출간되어 큰 인기를 끌었다.

미국에 체류하는 동안 린위탕은 컬럼비아대학에 출강했고, 중국과 중국인에 관한 평론을 《뉴욕타임스》에 기고했다. 당시만 해도 미지의 세계였던 중국은 린위탕 특유의 유쾌한 필치를 통해 서구 사회에 친근하게 다가설 수 있었다. 이와 동시에 세계적 명성을 이용해 중국의 항일 전쟁을 선전하고 미국의 중립 정책을 비판하기도 했다.

1947년 유네스코 예술문학부장을 맡았고, 1954년 싱가포르 난양대학교 총장으로 추대되지만 학교 이사회와의 갈등으로 반년 만에 사임했다.

1959년 기독교로 회심한 과정을 기록한 《이교도에서 기독교인으로From Pagan to Christian》를 펴냈다. 《생활의 발견》에서 기독교의 문제점을 비판한 지 22년 만이었다. 그가 기독교로 돌아온 이유는 이러했다.

"30여 년 이래, 나의 유일한 종교는 휴머니즘이었다. 즉 인간이 자신을 이끌어 갈 이성을 소유하여 그 밖의 어떤 외부적인 것에서 추구할 겨를이 없이 오로지 지식을 발전시켜 나가는 만큼, 그 세계도 자연 훌륭하게 발전되리라 믿어 왔던 것이다. 그러나 20세기 물질주의의 발전과 신을 믿지 않는 국가 안에서 벌어진 온갖 사태를 관찰한 이후부터, 나는 휴머니즘만을 가지고선 부족하다는 것을 절실히 느꼈으며, 인류가 앞으로 계속 생존해 나가려면 자기 자신 이외의 인류보다 한층 더 위대한 힘과의 접촉이 필요하다는 확신을 갖게 되었다." *앞의 책*

1966년 린위탕은 30년간의 미국 생활을 마치고 대만에 정착했다. 1968년 서울에서 열린 세계대학총장회의에 참석해 '인류의 공동 유산을 찾아서'라는 주제로 강연했다. 7년여의 작업 끝에 1972년 《현대 중영사전》을 발간했다. 이 사전은 당대 최고의 중영사전으로 꼽혔다.

1975년 《경화연운Moment in Peking》으로 노벨 문학상 후보에 올랐다. 1940년과 1950년에 이어 세 번째였다. 이 작품은 2005년 중국중앙방송에서 44부작 드라마로 만들어져 역대 최고의 시청률을 기록하기도 했다. 1971년 장녀의 자살 이후 칩거하던 린위탕은 1976년 3월 26일 82세를 일기로 홍콩에서 심장 발작으로 사망했다. 사후 대만으로 이장되어 양밍산 저택에 안장되었다. 그의 집은 현재 린위탕 기념관으로 운영되고 있다.

장제스의 국민당을 지지한 린위탕은 중국에서 오랫동안 반동 작가로 취급되어 왔다. 격동의 시대에 유머와 여유, 풍류를 즐겼다는 비판에서 그는 분명 자유롭지 못하다. 그러나 2000년대 들어 중국에서도 린위탕에 대한 재조명이 일어나고 있다. 정치 안정과 경제 성장을 달성한 중국 현대 사회에서 그가 제창한 삶의 여유와 관조가 중요해졌기 때문이다. 린위탕에 대한 평가는 진행형이다.

자유주의자 린위탕은 《생활의 발견》에서 인생의 즐거움을 자연을 좇아 사는 생활에서 찾았다.

"수많은 인간은 만물의 설계에 내재하는 단일한 원리와 법칙을 발견하지 않고도 유쾌히 살아가고 있다. 사실 그런 것은 없어도 좋다. 수학자와 이야기하는 것보다 묘령의 처녀하고 이야기하는 편이 훨씬 낫다. 처녀가 하는 말은 구체적이며 그 웃음에는 정기가 넘쳐 있으므로, 수학자보다 처녀와 이야기하는 편이 인간성에 관한 지식을 많이 얻을 수 있기 때문이다. 어느 때든지 나는 시보다는 돼지고기를 택하며, 훌륭한 소스가 곁들여진 등심살 한 쪽을 위해서라면 사소한 철학을 팽개쳐도 괜찮다. 나는 이러한 유물론자다." **b**

arguments

이어령은 맹수猛獸였다. 1950년대 문단 데뷔 후 1970년대까지 그는 문학이란 이름의 장미밭을 지키는 한 마리 맹수였다. 그는 떼 지어 덤비지 않았다. 오로지 자신의 날카로운 발톱과 송곳니에만 의지했다. 지적 허영이 아니라 지적 허기를 채우기 위해 물고 물렸다. 내일을 예비하지 않았으며 오직 눈 앞에 있는 적에 충실했다. 그의 적은 도처에 있었다. 낡아 빠진 구세대와 지적으로 허약한 동세대가 모두 그의 적이었다. 개인을 억압하는 집단 논리가 그의 적이었고 고정관념과 편견, 규범이 된 관습이 그의 적이었다. 그의 적은 아무 의심 없이 세상을 살아가는 사람들과 그런 시스템을 구축한 권력자였다. 숱한 싸움으로 이어령은 자주 피를 흘렸다. 맹수라면 그래야 했다. 이어령의 문학 논쟁을 되짚어 본다.

"장미는 아름답지만 가시가 있다. 그러나 그것은 가시만 있어 피를 흘리게 하는 엉겅퀴가 아니다. 아름다운 꽃 모양과 향기 때문에 가시는 창이라기보다 방패 구실을 한다. 50년대 문단 데뷔에서 70년대까지 나는 논객이라는 이름 아래 많은 코피를 쏟았다. 하지만 분명히 말할 수 있는 것이 있다면 그것은 이전투구가 아니라 장미밭의 전쟁이었다고 할 수 있다."
《장미밭의 전쟁》 서문 中

김수영 金洙暎 1921~1968

1921년 서울에서 태어났다. 선린상고 졸업 후 일본으로 건너가 도쿄성북고등예비학교와 도쿄상대에서 공부했다. 만주로 이주했다가 광복 직후 귀국하여 〈묘정의 노래〉로 등단한다. 초기에는 모더니즘을 추구했지만 4·19혁명을 기점으로 참여시를 쓴다. 1968년 6월 15일 귀가하던 길에 서울 마포구에서 인도로 뛰어든 버스에 치여 숨졌다. 온몸으로 시를 쓴 김수영은 200여 편의 시와 시론을 남겼다. 이어령은 1967년 12월 28일부터 3개월에 걸쳐 김수영과 이른바 불온 논쟁을 벌였다. 조선일보와 사상계 지면을 통해 여덟 차례 오고간 칼날 같은 논쟁은 김수영의 갑작스런 죽음으로 끝이 났다. 당시 논쟁을 대화식으로 재구성했다.

KIM
SU
YEONG

李 '에비'란 말은 유아 언어에 속한다. 애들이 울 때 어른들은 '에비가 온다'고 말한다. 그러나 그 말을 사용하는 어른도, 그 말을 듣고 울음을 멈추는 애들도 '에비'가 어떻게 생겼는지는 모른다. 67년도의 문화계를 한마디로 설명하는 단어가 바로 '에비'다. 문화의 침묵은 문화인 자신들의 소심증에 더 많은 책임이 있다. 존재하지도 않는 '에비'를 멋대로 상상하고 스스로 창조의 자유를 제한하고 있다.

金 우리나라 문화인이 허약하고 비겁한 것은 사실이나 그들을 그렇게 만든 더 큰 원인은 정치 권력의 탄압이다. 해방 직후와 4·19 이후를 회상하면 누구나 알 수 있는 일이다. 서랍 속 불온한 작품이 아무 거리낌 없이 발표될 수 있는 사회가 현대 사회이며, 그런 영광된 사회가 머지않아 올 거라고 나는 믿고 있다.

李 이승만 독재가 끝났을 때 참여 시인들의 저항은 시작되었다. 창조와 참여의 언어는 시체에 던지는 돌이 아니다. 문화를 정치 수단의 일부로 생각하는 오도된 사회참여론자들이 예술 본래의 창조적 생명에 조종을 울리고 있다. 불온한 작품이 서랍 속에 있는 한 아무 의미가 없다. 그것을 밖에 내놓을 때 비로소 그 문학은 참여하는 것이다. 봄이 오듯 영광된 사회는 절로 오는 것이 아니다. 참여의 본질은 기다리는 것이 아니라 개혁하자는 것이다.

金 모든 전위 문학은 불온하다. 문학의 본질은 꿈을 추구하고 불가능을 추구하는 것이기 때문이다. 이어령이 말하는 오도된 참여론자들은 교정될 수 있는 일시적 현상이지만, 한번 상실된 정치적 자유는 쉽게 회복할 수 없다. 우리의 질서는 조종을 울리기 전에 벌써 죽어 있다.

李 김수영의 추종자이기도 한 60년대의 젊은 비평가들은 "문학은 진보 편에 서야 한다"는 하나의 이데올로기만을 모든 문학 작품에 강요하고 있다. 자기 이데올로기에 맞으면 삐라 같은 글도 명작이라 치켜세우고, 조금이라도 벗어나면 어떤 작품이라도 반동의 낙인을 찍고 있다. 문학은 권력이나 정치 이념의 시녀가 아니다.

金 나는 문학의 본질로서의 불온성을 말했다. 정치적 불온성으로 좁혀 규정하지 말라. 불온성은 예술과 문화의 원동력이며, 인류의 문화사와 예술사는 불온이 수난을 겪은 역사이다.

李 김수영의 불온성이 좁은 의미로 해석되는 까닭은 '서랍 속 불온한 작품'이라 했기 때문이다. 광의의 불온이라면 무엇 때문에 서랍 속에 있겠는가. 문학의 가치는 정치적 불온성의 유무로 재판할 수 없다.

김동리 金東里 1913~1995

1913년 경상북도 경주에서 태어났다. 대구 계성중학을 거쳐 서울 경신고교에 입학하지만 가세가 기울면서 학업을 중단한다. 1934년 시 〈백로〉, 1935년 단편소설 〈화랑의 후예〉, 1936년 단편소설 〈산화〉가 신춘문예에 연이어 당선되면서 문단의 주목을 받는다. 해방 이후 조선청년문학가협회를 조직하여 우익 문학 진영의 대표를 자임한다. 샤머니즘과 외래 사상의 갈등을 작품화했다. 주요 작품으로 〈무녀도〉, 〈사반의 십자가〉 등이 있다. 1959년 이어령은 문단의 거목 김동리와 실존성, 은유와 비문에 관한 논쟁을 펼쳤다. 당시 이어령은 26세로 김동리의 문단 경력과 크게 다르지 않았다. 사상계와 경향신문을 통해 전개된 논쟁을 대화식으로 재구성했다.

KIM
DONG
RI

李 오상원의 문장은 조잡하다. 일례를 들자면 '미묘한 웃음'이란 말이 한 장에 서너 차례씩 반복되고, '한 눈도 주지 않고', '기사를 이리저리 눈 주어 가다가' 같은 부자연스러운 말이 많다. 외국말 비슷한 사투리도 빈번하다. 우리말도 모르는 문장을 지성적이라 할 수 없다. 한말숙의 〈신화의 단애〉를 김동리는 실존주의로 해석했는데 이는 부당하다.

金 정서적 작풍인 작가와 지성적 작풍인 작가를 가를 수 있다면 평균적으로 우리말이 더 능숙한 사람은 전자다. 오상원의 작품은 지성적이다. 한말숙의 〈신화의 단애〉에서 나는 실존성을 인정한다. 이러한 용어들의 어의를 알고 읽는 사람이라면 내 판단이 정확하다는 것을 알게 될 것이다. 가십이나 부정견不定見에 일일이 응수하기엔 나의 시간이 너무 귀하다.

李 오상원은 지시 대명사도 옳게 사용하고 있지 않다. 형용사나 부사의 사용과 그 위치도 잘 모른다. 지금 그에게 필요한 것은 지성적인 문장도 정서적인 문장도 아니다. 국어부터 다시 배워야 한다. 나는 '실존성'이라는 용어를 김동리에게 처음 들었다. '실존'과 '실존성'은 어떻게 다른가? 성性을 붙일 수 있는가? 원어로는 어떻게 되는가? 구체적으로 제시하기 바란다. '실존'의 개념을 명확히 이해하지 못하기 때문에 '실존성'이란 조작어造作語를 만들 수 있는 것이며, 한말숙의 에로티시즘을 실존주의라 날조할 수 있는 것이다.

金 오상원의 작품에 직역투 용어가 몇 개 섞였기로 지성적이지 않다고 했는데, 이어령의 표현에도 비국어적인 것이 많다. 나는 이어령의 저서에서 '깜박 눈을 뜬다', '피들이 흘러가는 혈맥들'과 같은 비문을 발견했다. '깜박'은 눈을 감을 때 쓰는 말이다. '피들이 흘러가는 혈맥들'의 '들'은 영어 복수법의 직역인 모양인데 우리말이라면 '피가 흘러가는 혈맥들'이라고 해야 한다. 실존성이란 말은 하이데거의 《존재와 시간》에 나온다. 독일어로는 'Existenzialität'라고 한다.

李 독화獨和 사전을 보면 'Existenzialität'는 실존성이 아니라 실존이다. 실존은 본질과 대립되는 개념으로 일반화, 보편화할 수 없다. 국어사전에는 '깜박'이 '눈을 감았다 뜨는 모양'이라고 나와 있다. '피들이 흘러가는 혈맥'은 〈유리 공화국〉이라는 산문시에 나오는 말로 내부가 들여다보이는 동화적 나라를 가상한 것이다. 만화 영화에서 각각의 혈구가 영양분을 운반하는 모습처럼 피에 애너미스틱한 생명감을 준 알레고리다. 20년이나 소설을 쓴 김동리가 이렇게 수사학에 어두운가. 오상원의 문장을 지성적이라고 하는 것도 당연한 일이다.

서정주 徐廷柱 1915~2000

1915년 전라북도 고창에서 태어났다. 호는 미당未堂이다. 서울 중앙고등보통학교를 거쳐 중앙불교전문학교에서 수학했다. 1936년 동아일보 신춘문예에 시 〈벽〉으로 등단한다. 일제 강점기 때 조선인 가미카제 특공대원의 죽음을 찬미한 〈오장 마쓰이 송가〉 등을 발표했다. 친일 행각과 정치적 처신에도 불구하고 우리말을 가장 아름답게 구사한 시인으로 평가받는다. 주요 작품으로 〈자화상〉, 〈귀촉도〉, 〈푸르른 날〉, 〈국화 옆에서〉, 〈동천〉 등이 있다. 1958년 10월 15일 이어령은 〈조롱을 여시오〉라는 시론으로 서정주를 비판했다. 시론의 주요 내용을 발췌했다.

SEO
JEONG
JU

"오늘의 젊은 시인들은 선생님을 닮아서 신라의 태고연한 풍모를 하고 있습니다. 충치 않는 목소리로 선생님의 시를 외우고 있는 오늘의 젊은 시인들은 하늘만 보다가 그의 대지를 잃었습니다. 옛날만 생각하다가 오늘을 잃었습니다. (…) 밖에는 전쟁이 있는데, 벌판에서는 학살된 어린 아이들이 살아 보지도 못한 앞날을 저주하는데, 동작동의 묘석은 침묵의 밤을 울어 새는데, 도시는 피로했는데 선생님은 국화꽃 그늘에서 순수한 주정酒精에 취하였습니다. (…) 선생님의 길은 선생님의 것입니다. 선생님의 '추천'을 받기 위해서 이 나라의 젊은 시인들이 선생님의 길만을 걸으라 눈짓하지 마십시오. 당신의 명주옷 무릎 밑에서 손자를 키우듯이 그렇게 앞날의 시인들을 손짓하지 마십시오. (…) 선생님의 문하를 거쳐 나온 그 많은 시인들은 너무나도 선생님의 얼굴과 흡사합니다. 선생님… 선생님은 참 많은 피노키오를 만드셨습니다. 이제 풍류는 그만하면 되었습니다. (…) 이제 선생님의 조롱鳥籠을 열어 그들을 자유롭게 날게 하십시오. 보이지 않는 우아한 수정의 끈을 풀어 다음에 올 시인들에게 대지를 노래 불러도 좋을 육성을 갖도록 하십시오. 우리의 위대한 순수 시인이시여!"
서정주는 이어령의 글에 답하지 않았다. 훗날 서정주는 이어령과 우연히 만난 자리에서 이렇게 말했다. "나는 새 같은 거 가둬서 안 길러. 나는 새가 좋다고 조롱에 가두지 않아." 참으로 대가다운 응수였다.

072

염상섭廉想涉 1897~1963

1897년 서울에서 태어났다. 호는 횡보橫步다. 보성전문학교 재학 중 일본으로 건너가 교토부립중학을 졸업하고
게이오대 사학과에 입학했다. 1921년 〈표본실의 청개구리〉로 등단한다. 동양일보, 조선일보, 만선일보, 경향신문
에서 기자로 일했고, 6·25전쟁에 해군으로 참전했다. 주요 작품으로 〈만세전〉, 〈삼대三代〉 등이 있다. 특히 〈표본
실의 청개구리〉는 한국 최초의 자연주의와 사실주의 소설로 평가된다. 1958년 6월 21일 이어령은 염상섭이 발표
한 〈문학도 함께 늙는가〉라는 글에 반론을 제기한다. 반론의 주요 내용을 발췌했다.

YEOM
SANG
SEOP

"오늘의 '젊음'은 선생님이 생각하고 있는 것처럼 '연애하는 열정' 속에 있지는 않습니다(주: 비
평의 대상이 된 글에서 염상섭은 문학이 연령과 함께 늙는다는 사람이 있다면 문학이 늙지 않는
실증으로 연애 소설을 한 편 쓸지도 모른다고 했다). 확실히 시대는 '젊음'까지도 변하게 하였습
니다. 연애를 못하는 젊음 - 젊음을 잃어버린 젊음 - 이것이 우리들의 젊음입니다. (…) 우리는
인간을 사랑하기 전에 먼저 인간을 죽이는 방법을 배웠던 것입니다. 희망을 갖기도 전에 생의
기대를 변변히 품어 보기도 전에 무수한 굴욕과 숱한 좌절의 침몰 속에 익숙해야만 되었습니다.
포연砲煙 속에 타는 고향을 보았고 아직도 꿈이 있는 벌판에서 무한궤도가 굴러가는 소리와 죄
없는 어린이들이 죽어 가는 목소리를 들어야 했던 '젊음'입니다. (…) 이 동병상련의 고역을 거
부하지 않는 데서만 우리 선배 문인들은 자신의 문학적 젊음을 입증할 수 있습니다."
염상섭은 이어령의 비평에 즉각 대응하지 않았다. 3개월 뒤 〈독나방 제1호〉라는 글에서 "나는
독나방에 쏘였다"는 표현으로 당혹감을 에둘러 표현했다. 이어령은 염상섭의 〈표본실의 청개구
리〉를 비평하기도 했다. 소설 중 "청개구리를 해부하여 가지고 더운 김이 모락모락 나는 오장을
차례차례로 끌어내서"라는 대목에서 개구리는 냉혈동물이기 때문에 해부해도 내장에서 김이
나지 않는다고 지적했다. 염상섭은 물론 이 작품을 한국 현대 문학사의 리얼리즘 제1장 제1절
에 속하는 작품이라 칭송하던 당대 비평가들까지 단칼에 베어 버린 것이다.**b**

in-depth story

075

INTERVIEW

"젊음은 나이가 아니라 생각이 만드는 것이다."
여든 현자는 아직 꿈을 꾸고 있었다. 이어령은 창조하는 사람이다.

여든이 넘은 노학자는 아직 건재했다. 잠시도 입을 쉬지 않고 동서고금을 넘나들었다. 수십 년 전을 바로 어제처럼 기억했고, 영어와 불어, 독어를 섞어 가며 빠르게 말했다. 화제는 수시로 바뀌었지만 이음매가 반드러워 잠시도 끼어들 틈이 없었다. 준비한 질문지가 무용했다. 말의 성찬盛饌이었다.

이어령을 만나기로 한 곳은 그가 이사장으로 있는 한중일비교문화연구소였다. 종로구 평창동 고지대에 위치한 연구소는 크지도 작지도 않은 회백색 2층 건물이었다. 나는 약속 시간 10분 전에 도착해 그가 오기를 기다렸다. 이어령은 정시에 나타났다. 파란 격자무늬 재킷에 노타이 차림. 걸음은 단정했고 허리는 꼿꼿했다. 그는 사무실에 들어서자마자 비서에게 책 한 권을 건넸다. 얀 마텔의 《파이 이야기》였다.

"여기 표시한 부분 OCR 해서 넣어 줘."

OCR(Optical Character Reader)은 인쇄된 글자나 육필을 스캔하여 텍스트 파일로 변환하는 프로그램이다. 첫 대면부터 이어령은 디지털과 아날로그의 경계를 흐렸다. 우리는 응접실 맞은편의 조용한 자리로 이동했다. 이어령은 대뜸 잡지 제목부터 걸고넘어졌다.

"나는 오토바이오그래피 안 쓰는 사람이오."

그는 자서전은 물론이고 평전에도 거부감이 상당했다.

"이순신 장군이 장검을 옆에 차고 시름하던 순간을 떠올려 봐요. 개인의 슬픔은 전연 이해하지 않고 전쟁 영웅으로만 다룬다면 얼마나 답답하겠어요."

그는 숱한 오해 속에서 살아온 듯했다. 감당할 수 없을 만큼의 말과 글을 남겼기에 어찌할 도리가 없는 일이었다. 나는 잡지의 기획 취지를 재차 설명하고 사실만을 기술할 것을 약속했다. 이어령은 잠시 망설이다가 "얼굴 보고 얘기하면 마음 약해진다니까" 하면서 인터뷰에 응했다. 그가 거절하지 못하는 성격임은 선배 기자를 통해 익히 들은 터였다. 작년에 팔순 잔치가 있었다기에 나이 얘기를 먼저 꺼냈다. 잠시 후 용처를 잃을 질문지의 첫 번째 문항이기도 했다.

작년에 팔순 잔치를 하셨습니다. 공자는 칠순을 종심從心이라 했는데 팔순은 뭐라 할 수 있을까요? "한자로 8八을 쓰면 아래가 넓습니다. 80은 막힌 게 아니라 영원으로 뚫린 거죠. 8자를 눕히면 뫼비우스의 띠가 되고 무한대의 기호가 되기도 해요. 그래서 나는 80을 영원으로 보기로 했습니다. 생명은 영속하는 것이기에 내 80대의 화두는 생명과 사랑이에요."

나이가 드니 뭐가 달라지던가요? "한 시에 자건 두 시에 자건 새벽 네 시면 깨요. 노인들이 새벽잠이 없죠. 고려 중기 때 김부식이 〈아계부啞鷄賦〉를 썼는데, 새벽이 와도 울지 못하는 벙어리 닭을 보고 분노하는 내용이에요. 노인이라 날이 새기만을 기다리는데 닭이 안 우니 얼마나 마음이 탔겠어요. 그러니 그런 글을 썼지."

그래도 창의력은 여전하신데 원천은 뭘까요? "은유적 사고방식을 바탕으로 한 결합이죠. 나는 평생에 걸쳐 서로 다른 현상에서 같은 점을 찾고, 같은 현상에서 다른 점을 찾으려 했어요. 창조의 기본 단위는 관심, 관찰, 관계예요. 깃털 하나 떨어지는 현상에서도 관심을 가지면 비행기도 만들 수 있죠. 관심은 관찰로 이어져 나와 관계를 맺게 되는 겁니다."

1963년 발간된 《흙 속에 저 바람 속에》는 이어령식 결합의 대표적 산물이다. 동서양의 어문 습관과 생활양식을 비교해 한국인과 한국 문화를 고찰한 이 책은 출간 후 1년 동안 30만 부가 팔렸다. 이어령은 인세 수입으로 삼각지에 집을 사고 크라운 승용차도 샀다.

《흙 속에 저 바람 속에》에 나오는 물에 빠진 사람 얘기도 관심과 관찰의 결과였겠네요. "그렇죠. 물에 빠지면 영국인은 '헬프 미Help me'라고 하고, 일본인은 '다스케테쿠레 たすけてくれ'라고 합니다. '헬프 미'에는 자아가 포함돼 일본말보다 개인의식이 강하지만 어쨌거나 둘 다 도와 달라는 말이에요. 그런데 한국인은 '사람 살려' 하죠. '도와 달라'와 '사람 살려'는 의미와 태도가 다릅니다. '도와 달라'는 힘을 보태 달라는 것이지만, '살려 달라'는 완전한 의존과 무력을 뜻해요. 구원을 청하더라도 주체성은 잃지 말아야죠. 그런데 이젠 보는 눈이 달라졌어요. '나 살려' 하지 않고 '사람 살려' 한다는 점에서 새로운 해석이 있을 수 있죠."

요즘 젊은이들이 쓰는 언어에도 그런 문화 코드가 숨어 있을까요? 'ㅋㅋㅋ', '멘붕' 이런 말들 있잖습니까. "그게 다 우리의 밈meme 속에 있던 거예요. 요즘 아이들한테 '감사합니당' 하면 '나둥' 그래요. 그게 조선조 때부터 있던 거예요. '공당 문답'이라고 한시를 지을 줄 모르는 사람들이 끝에 이응자를 붙여 운을 만들었어요. '아리다 쓰리다'에 이응을 붙여 '아리랑 쓰리랑'이 되는 거죠. 맹사성이 한양에 가다가 나그네를 만나서 '무슨 일로 한양에 가는공?' 하고 물으니 '벼슬하러 간당' 했다는 유명한 얘기도 있잖아요.

요즘 아이들이 자주 쓰는 'ㅋㅋㅋ' 같은 것들은 문자는 문잔데 소리를 시각화한 거죠. 카카오톡이

나 라인이 생기면서 말의 세대가 글의 세대가 됐어요. 인류가 지금처럼 문자를 많이 사용하던 때가 없어요. 그런데 그게 정말 문자냐. 그건 아닙니다. 가령 '너'라고 할 때 영어로는 'You'라고 써야 문자인데, 소리 나는 대로 'U'라고 쓴단 말이죠. 문자주의는 고착된 것이고 음성주의는 유연한 것인데 이게 지금 하나가 됐어요. 카카오톡 쓰는 게 말하고 비슷하잖아요. 그런데 5년이 지나도 카카오톡 대화가 남을까요? 문자라는 건 세상에 남기려고 있는 건데, 대화 내용 지우기 한 번만 누르면 싹 지워지잖아요. 이렇게 지워지기 쉬운 세상에서 10년, 20년을 바라보고 살지 않죠. 요즘 젊은이들이 쓰는 글은 글도 아니고 말도 아닌, 말과 글이 통합된 거예요. 단순히 '엄지족'이라 부르고 말 게 아니라 이런 현상들을 읽어 내는 게 문명학이고 기호학이고 지식인의 역할이죠."

'ㅋㅋㅋ'를 물었더니 문명학으로 답했다. 그야말로 우문현답. 그가 말을 덧붙였다.

"문맹자는 두 종류예요. 옛날에야 글 못 읽는 사람이 문맹이지만 지금은 시대 변화를 모르는 사람이 문맹이죠. 문명 리터러시Literacy예요. 정치가들에게 이런 문맹자들이 제일 많아요. 우선 표부터 얻어야 하고 당리당략부터 따져야 하니까 내일이라는 게 없어요. 하루씩 사는 사람들이라 문화와 문명의 이동을 보지 못하니 그게 문명의 문맹자들이죠."

문명론 하면《축소지향의 일본인》이 먼저 떠오릅니다. 일본에서 인기가 대단했죠? "아무래도 독특한 관점에서 본 일본인론이었으니까 충격과 놀라움이 있었겠죠. 내 책이 나오기 전까진 구미인의 눈으로 본 일본인론이 전부였거든."

일본에선 아직까지 많이 나간다던데요. "거의 매년 일본 대입 시험 문제에 출제되고 강담사講談社 학술문고에도 포함돼서 그렇겠죠. 아사히신문에서 '현대의 고전'이라고 실은 게 있는데 거기에도 들어갔고."

강담사 학술문고라면. "루이스 프로이스의《일본사》나 루스 베네딕트의《국화와 칼》이런 책들만 모아놓는 강담사 학술문고란 게 있어요. 아무리 많이 팔린 책이라도 편집위원들이 평가해서 학술적 가치가 없으면 넣어 주지 않죠."

1982년 일본에서 발간된《축소지향의 일본인》은 지금까지 100만 부 이상 팔렸다. 인문 서적으론 이례적이다. 내가 감탄하는 대목은 판매 부수가 아니라 발행 연도다. 지금이야 한국 문화가 한류를 타고 세계로 뻗어 나가고 있지만 30여 년 전 상황은 완전히 달랐다. 당시 일본은 경제 활황으로 '재팬 이즈 넘버원'을 외치고 있었다. 국내에서도 일제 학용품이나 코끼리 밥통, 소니 텔레비전이 최고의 인기였다. 일본인들은 우리가 일본 책을 해적판으로 만들고 있는 수준이라 여겼다. 그런 시대 상황에서 우리 작가가 쓴 책을 일본인들이 선택한 것이다.

일본 독자의 블로그를 보니까 이런 반론이 있더군요. 30년 전에는 축소지향으로 일본을 분석

하는 게 타당했겠지만 지금은 오히려 한국에 적용해야 한다는 겁니다. 축소지향의 대표적 사례인 반도체나 나노 산업에서 한국이 앞서고 있다는 거죠. "그건 축소지향의 일부만을 본 거죠. 일본은 스마트폰을 줄여서 스마혼이라고 불러요. 하이쿠나 자연에 대한 태도, 이런 발상까지 포함해야죠. 일본 비평가 가라타니 고진이 최근 대담에서 이런 얘기를 했어요. 원전 사고를 겪고 나니까 이 사람 말이 맞더라, 확대지향으로 가선 안 된다, 이런 거죠. 고진은 《축소지향의 일본인》이 나왔을 때 반박했던 사람인데, 내 책을 재독하고는 내 말이 옳았다는 거예요."

일본이 대국이 되려면 작아져야 한다고 하셨는데, 그럼 우리는 어떻게 해야 대국이 될까요? "가위바위보의 가위 역할을 해야 해요. 손바닥을 오므리면 주먹이 되어 힘이 생기니 칠 수 있죠. 일본이 그래요. 보는 유화 정책을 써서 강력한 것들을 움켜쥐자는 거예요. 등소평이 말한 도광양회가 대표적이죠. 해양 세력과 대륙 세력은 충돌할 수밖에 없는데 충돌을 완화하고 절충하는 역할을 반도 세력인 우리나라가 해야 해요. 가위를 보세요. 반은 펴고 반은 접었잖아요. 가위가 있기 때문에 가위바위보가 성립하는 거죠. 서양에선 동전 던지기를 하는데 그건 2항 대립이에요. 우린 3항 순환으로 가자는 거죠.

반도 문화는 대륙과 해양, 자연과 문명 사이에서 균형점을 찾는 겁니다. 날것을 먹으면 자연이고 불에 익혀 먹으면 문명이죠. 그런데 김치처럼 삭혀 먹는 음식은 자연과 문명이 조화를 이루잖아요. 가위바위보 문화가 여기서 나오는 겁니다. 우리는 인터페이스 문화예요. 이거냐 저거냐가 아니라 중간 문화죠. 21세기는 이 인터페이스 혁명이 이끌 겁니다. 스티브 잡스가 뭘 했어요? 사람과 컴퓨터 사이에 키보드를 없앴잖아요. 인간과 기계 사이의 넘을 수 없는 강을 넘게 한 거죠. 그래서 내가 디지로그를 이야기한 거예요. 3D 프린터 같은 물건이 대표적이죠. 디지털과 아날로그의 벽을 없애자는 얘기를 나는 10년 전, 20년 전부터 했는데 우리가 앞서가지 못하고 있어서 아쉬워요. 내가 문화부 장관 할 때 벌써 전자책 얘기를 했다니까요."

3D 프린팅이 보편화되면 일상은 어떻게 바뀔까요? 《메이커스Makers》에서 크리스 앤더슨이 그랬죠. 이젠 모든 사람이 제조가가 될 수 있다고. 호모 사피엔스와 호모 파베르(도구의 인간)의 구별이 무색해지는 거죠. 문명은 우리 힘으로 일구기도 하지만 계절의 변화처럼 원치 않아도 밀려올 수 있어요. 산업 사회를 봐요. 유럽의 한 섬나라에서 시작되어 전 세계로 퍼졌잖아요. IT도 마찬가지죠. '앞으로 어떻게 바뀔까'를 물을 게 아니라 '앞으로 어떻게 할까'를 물어야 해요."

이어령은 3D 프린터의 종류와 소재 산업, 관련 특허의 해제에 대해 계속 말했다. 말을 끊고 들어가기가 쉽지 않았다.

영국에선 초등학교 때부터 코딩 교육을 시킨다던데요. "미국은 이미 2년 전에 오바마 대통령이 나서서 학교 1000곳에 3D 프린터를 보급하겠다고 했어요. 우리는 아직도 9시 등교다, 무료 급식이다 얘기하지만, 지금 전 세계적으로 3D 프린터에 치열한 경쟁이 붙었어요. 우린 중국보다도 훨씬 뒤져 있어요. 이대로 가다가는 다시 구한말 때 산업 사회에 뒤쳐진 것처럼 디지로그 시대에 뒤떨어질 수 있어요."

그럼 우린 앞으로 어떻게 해야 할까요? "디지로그죠. 나는 벌써 10년 전에 포스트 정보화 사회는 디지로그 시대라고 했어요. 이런 걸 해야죠. 내가 문화부 장관으로 취임하면서 공무원들에게 세 가지를 강조했어요. 우물의 두레박이 돼라, 부지깽이가 돼라, 바위의 이끼가 돼라, 이랬죠."

두레박이라뇨? "우물가에 두레박 하나 있으면 거기서 우물물 퍼 마실 것 아닙니까. 그게 인프라 얘기거든요. 클라우드 컴퓨팅 이론이나 두레박이나 마찬가지죠. 각자 워드 프로그램을 사서 쓰는 게 아니라 접속해서 쓰는 거니까요. 이런 IT 인프라를 만들어 주는 게 문화부의 역할이죠. 부지깽이 얘기는 뭐냐면, 부지깽이라는 게 볼품은 없어도 불을 일으키잖아요. 미국에선 오바마 대통령이 3D 프린터에 불을 지피고 있어요. 우리는 정치 선동은 있어도 문명, 문화의 선동자는 없어요. '불이야' 하고 외치는 사람이 있어야 한다는 거죠. 그래서 불 지르는 사람이 되자고 한 건데, 가만 보면 제일 불쌍한 게 부지깽이예요. 불만 붙이고 자기 몸은 까맣게 타. 그게 지식인이고 창조자예요. 자기는 죽는 거야. 마지막으로 바위에 이끼가 되자고 했는데, 그건 생명주의예요. 바위는 생명이 없지만 이끼가 거기를 파랗게 덮잖아요."

요즘 문화부는 잘하고 있는 건가요? "사실 문화부는 소임을 다하면 없어져야 해요. 글라이더를 끌고 갈 때는 견인차가 필요하지만 하늘로 올라가면 밧줄이 방해되니까 끊어 줘야죠. 선진국에서 문화부가 존재하는 건 프랑스 정도예요. 미국이나 영국에 문화부가 있어요? 할리우드와 웨스트엔드에서 알아서 하는 거지. 어느 정도 단계가 되면 문화는 각자 알아서 하는 거예요. 국가가 할 일이 아니죠."

초대 문화부 장관 하실 때도 각자 알아서 하게 두셨습니까? 위세가 막강하셨을 텐데. "나는 장관이 되고 한 명도 인사 조치 안 했어요. 장관 제일의 권한이 인사권이거든. 그런데 난 전임자가 쓰던 사람 전부 그대로 뒀어요. 내 비서하고 기사만 새 사람이었죠. 나는 행정을 문화적으로 접근했어요. 대통령한테 업무 보고 할 때도 마지막에 '국민이 감동할 수 있는 감동의 행정을 펴겠습니다'라고 했죠. 관료 행정은 안 한다 이거예요. 그래서 문화부 공문에 쓰는 폰트도 싹 바꿨잖아요. 명조체에서 안상수체로. 사기업에서도 안 하는 짓을 한 거죠."

성공한 장관이라는 평가를 받으시는데, 그래도 국회에선 곤욕을 좀 치르셨어요. "어느 국회의원이 내가 방송에 나가서 패러볼라 안테나라고 말했다고 그걸 트집 잡았어요. 문화부 장관이 왜

외국어를 쓰냐 이거죠. 그래서 내가 '당신 같으면 뭐라 할 거요?' 하니까 '접시 안테나라 그러지' 하는 거예요. 그래서 '그럼 안테나는 외국어 아니오?' 이걸로 싸움이 붙은 거예요."

이 대목에선 이어령의 기억과 국회 회의록이 엇갈린다. 회의록에 따르면 1990년 12월 15일 국회 예산결산특별위원회 회의에서 평민당 이철용 의원은 파라볼라 안테나를 접시형 위성수신기 衛星受信機로 불러야 한다고 주장했다. 그런데 위성수신기는 안테나로 수신한 전파를 텔레비전에 맞는 주파수로 변환하는 셋톱박스를 뜻한다. 그가 계속 말했다.

"사실 하기 싫은 일을 맡은 거라 국회의원들이 '장관, 그만두시오' 하면 쌍수 들고 환영할 일이었죠. 어쩔 수 없이 코가 꿰어서 그만……."

코가 꿰었다니요? "그 무렵에 나는 일본에 있는 연구소에 체류하고 있었어요. 아들 결혼식 때문에 잠시 귀국했다가 문화부 장관으로 발령된 걸 알게 된 거죠. 그땐 이런 얘기를 하면 임명권자에 대한 모독이 될 수 있으니까 말을 삼갔지만 사실 두 번이나 거절했어요. 그런데 홍성철 청와대 비서실장이 찾아와서 '두 번이나 각하한테 가서 이 아무개가 장관 안 하겠답니다' 하고 어떻게 말하느냐 이거야."

애초에 묵약이 있었다는 설도 있는데요. "그럴 만한 이유가 있어요. 다시 일본에 돌아가면 시간이 안 나니까 KBS에서 강연 프로그램 한 달 치를 녹화하고 있는데, 내가 장관이 됐다는 저녁 뉴스가 나간 거예요. 집에 갔더니 기자들이 잔뜩 있는 겁니다. 그때만 해도 장관이 되면 집에 찾아오고 그랬거든요. 그런데 그날이 하필 우리 며느리가 이바지 음식을 해 가지고 온 날이었어요. 기자들이 불시에 들이닥쳤는데 집에 식혜도 있고 수정과도 있고 하니까 이 사람이 장관 되는 게 다 묵약이 있었구나, 하고 생각하는 거죠. 나는 유일하게 장관이 되면서 인사 검증도 안 거친 사람이에요. 갑자기 임명이 되어서. 허허."

이어령은 어제를 사는 사람이 아니었다. 관직에는 뜻이 없었다지만 장관까지 지냈으니 으레 옛일을 회상하며 거드름을 피울 줄 알았는데 명백한 오산이었다. 이쪽에서 물으니 답은 하지만 장관 시절 얘기에는 별 흥미가 없어 보였다. 오히려 지금 하고 있는 일들, 앞으로 할 일들에 대해 열변조로 말했다. 많은 국민이 기억하고 있는 서울 올림픽 굴렁쇠 얘기에도 무심하긴 마찬가지.

장관이 되신 데엔 88 올림픽 성공이 큰 역할을 했을 텐데요, 그때 개막식에서 굴렁쇠 소년이…… "굴렁쇠가 문제가 아니에요. 2010년에 '죽은 나무 꽃 피우기'라는 공연을 올렸는데 세계 최초의 4D 홀로그램 공연이었어요. 김덕수, 국수호 같은 실제 연주자와 홀로그램이 협연을 했으니 그게 바로 디지로그죠. 유네스코 세계문화예술교육대회에서도 내가 만든 작품을 선보였죠. 코엑스 회의장에 아이들 얼굴이 담긴 커다란 투명 필름 6장을 걸어 놓고, 사이사이에 전 세계에서

온 티셔츠 2010벌을 쫙 걸어 놨어요. 티셔츠에는 용기, 희망, 생명, 그런 단어들을 세계 각국의 언어로 적어 놓고. 허공에 그런 걸 매달아 놨으니 사람들이 깜짝 놀랐죠. 이런 게 크리에이티비티 Creativity라는 거요. 사람들이 그런 건 모르고 굴렁쇠만 알아요, 굴렁쇠만."

보름 뒤 우리는 다시 만났다. 이번엔 종로구 평창동 영인문학관에서였다. 지난번에 만난 한중일 비교문화연구소에서 영인문학관은 도보로 5분 거리였다. 이어령 내외의 이름을 한 자씩 따서 만든 영인문학관은 지하 1층과 지하 2층을 전시실로 사용하고 있었다. 1층은 자택, 2층은 개인 서재였다. 이어령은 2층 서재로 들어서며 응접실에 전시된 작품들을 설명했다.

"이게 뭔지 알아요? 튀어나온 못은 망치질을 당한다는 거지. 근데 워낙 튀어나온 사람은 망치가 절을 한다는 거여. 얼마나 재밌어? 1992년에 받은 일본문화디자인 대상이에요. 구로사와 아키라 같은 영화감독이 타는 상인데, 《축소지향의 일본인》을 썼다고 나를 디자이너로 본 거죠."

다음은 하이쿠 대상.

"이건 스웨덴에서 만든 하이쿠 대상이에요. 수정으로 만든 건데 매머드가 갇혀 있는 모습이죠."

이번엔 백남준이 보낸 연하장이다.

"말띠 해라고 말 연하장을 보낸 거예요. 내 이름의 '어'자가 말馬을 다스린다는 뜻이에요. 그래서 말馬을 다스리는 사람이자 말씀을 다스리는 사람이라고 이렇게 해 봤죠."

사회적 명성만큼이나 소개할 물건도 많았다. 추상 조각의 선구자 송영수, 광화문 이순신 상을 만든 김세중, 현대 미술가 이우환의 작품도 있었다. 서재까지 둘러보고 우리는 응접실 중앙의 널찍한 소파에 앉았다.

요즘 새로운 작품을 집필하신다고요? "그야 밤낮 집필하죠. 사는 게 집필하는 건데. 알다시피 말년에 들어 하고 있는 일이 생명에 관한 거예요. 젊을 때는 밖을 향하지만 나이가 들면 내면으로 들어오죠. 이제까지 우리는 자본을 물질로만 생각했는데 원래 자본Capital의 어원은 머리예요. 양 머리가 자본이었죠. 옛날에 자본가는 양을 수백 마리 가지고 있던 사람이었어요. 하나의 생명체로서 생식과 증식이 가능한 것이 자본인데, 그 역할을 지금 돈이 하고 있어요. 그런데 돈이 새끼를 쳐요? 그러니 생명과 거리가 멀어지죠. 여기에 비극이 있어요.

또 하나는 내가 가타리, 들뢰즈 같은 프랑스 후기 구조주의자들을 공부했지만 그 분야 전문가들이 많으니까 더 깊이 공부해서 쓰려고 그동안 미루어 온 글들, 그런 걸 쓰려고 해요. 이젠 시간이 없으니까 부족한 대로라도 써야죠. 좋은 글은 완성되어 있는 게 아니라 수긍이든 반박이든 원전原典에서 텍스트를 끝없이 양산할 수 있는 자궁 같은 글이라고 생각해요."

글은 보통 언제 쓰세요? "집필은 대수로운 게 아니에요. 구술이나 메모로도 가능하죠. 그거보다는 길 가거나 밥 먹거나 할 때 훅 떠오르는 발상들이 있어요. 지금처럼 대담하는 중에 영감이 떠오르기도 하고. 그게 나의 집필이죠. 옛날엔 밤 열한 시부터 새벽까지 썼는데, 지금은 열두 시에 자서 네 시에 일어나요. 온종일 틈틈이 자고 틈틈이 쓰고. 게릴라전을 하는 거죠."

이어령은 1933년 충남 아산에서 5남 2녀의 막내로 태어났다. 아버지는 지적 호기심이 왕성했다. 병아리 부화기나 촉성 재배처럼 요즘 말로 벤처에 해당하는 일들을 끊임없이 벌였다. 어머니는 문학적 감성이 충만했다. 이어령이 글을 깨치기 전부터 머리맡에서 책을 읽어 주셨다. 문학 하면 밥 굶는다고 모두 말리던 시절, 돌잡이 때 붓을 쥔 아들을 자랑스러워한 어머니가 있었기에 그는 문학을 평생의 길로 삼을 수 있었다.

일제 강점기에 어린 시절을 보내셨습니다. "아츠섬에서 일본군이 전원 옥쇄를 했다면서 교장이 추모 행사를 열면 애들이 진짜 울었죠. 지금 생각하면 말도 안 되지만 식민지 교육이 그렇게 철저했어요. 자기 머리에 뭐가 들어 있는지도 인식하지 못하는 게 세뇌거든요. 그러다 일본이 갑자기 패망하고, 천황이 항복하는 목소리가 들리고, 자기가 알던 게 완전히 거짓말이란 걸 깨달은 아이의 충격이 어땠겠어요. 나를 제외한 모두를 믿을 수가 없는 거죠."

가족은요? "믿은 건 딱 하나, 어머니였어요. 그런데 우리는 말을 배우면서부터 어머니와 멀어지죠. 어머니라는 말을 뱉는 순간, 내가 만질 수 있고 냄새 맡을 수 있는 어머니와 시니피앙(기표)으로서의 어머니가 분리되니까요. 이런 분리 과정에서 언어를 배우니까 유난히 언어에 대한 집착을 가지게 됐어요. 내가 유일하게 기댈 수 있는 곳이 모국어예요. 어머니를 대용하는 말. 이것이 나의 조국이고 나의 피고 나의 동지죠. 목수한테 망치와 대패를 뺏으면 그게 어디 목수예요? 언어를 떠나면 나는 죽어요."

어린아이가 어떻게 그런 감정을 느꼈을까요? "어릴 적에 밤이면 논에서 개구리가 울었어요. 거기다 돌을 던지면 일제히 울음을 그쳐요. 그러면 가만히 서서 침묵을 듣는 거야. 깜깜한 밤에. 그러다 또 개굴개굴 울면 또 던지고. 침묵을 듣고. 어렸을 때부터 인간 실존의 깊은 심연을 어렴풋이 알았던 거죠."

어렸을 때부터 남다른 면이 있으셨네요. "난 형제가 많았어요. 형들이 여름 방학이 되면 서울에서 내려와서 대청마루에서 수박 먹으면서 문학 얘기하고 영화 얘기하고 그랬어요. 대여섯 살 때라 말 상대도 안 됐지만 그 옆에서 말참견하고 그랬죠. 그렇게 얻어들으면서 지적 성장이 왔어요. 형들이 놓고 간 신초샤新潮社 36권짜리 세계문학전집도 다 읽었죠. 1권부터 읽어야 되는 줄 알고 무슨 소린지도 모르면서 순서대로 다 읽었어요. 바로 그 일본 출판사에서 내가 쓴 《가위바위보 문명론》이 출판될 줄이야……."

그러다 해방을 맞이합니다. "초등학교 졸업반 때였어요. 해방 전엔 미군이 폭격한다고 밤에 불도 못 켜게 했어요. 난 불빛이 새어나갈까 봐 촛불 켜고 이불로 창을 막고 책을 읽었어요. 그러다 해방이 되니까 그날부터 불을 밝힐 수 있었죠. 광복이라고 하면 빛이 돌아왔다는 뜻이잖아요. 나한테 광복은 그런 거죠. 밤에도 창을 활짝 열고 환한 불빛 아래서 책을 볼 수 있다는. 한 사람의 개인사가 진짜 역사예요."

그의 부연이다.

"갑자기 해방이 되니까 태극기가 있겠어요? 일본 깃발에 태극 문양을 넣고 사방에 괘를 넣어 만들었죠. 그 얼마나 아이러니예요. 일장기 속에 태극기가 숨어 있던 거죠. 우리는 열심히 새 나라를 만든다지만 일본 제국주의를 바탕에 깔고 있었어요. 일본은 군국주의가 무너지자마자 국민학교라는 명칭을 바꿨는데 우리는 한참 지나도 그대로였죠. 그래서 내가 이름 바꾸라고 언론에다 글을 쓰기도 했어요. 국민학교는 국가가 요구하는 국민을 만드는 곳이에요. 히틀러의 폴크스슐레 Volksschule를 일본 말로 번역해서 쓴 거죠. 모든 국민이 같은 옷 입고 같은 차 타고 같은 학교 들어가 같은 생각을 하는 것. 우린 아직도 그런 국가주의의 '국민'을 생각하고 있는 거예요."

격동의 근현대사를 겪은 이어령은 학교에서 공부한 경험이 거의 없다.

"초등학교 땐 태평양 전쟁 말기라 비행기 연료로 쓴다고 소나무 뿌리를 캐러 다녔고, 중학교 땐 해방 후 좌우익 싸움으로 동맹 휴학이 있었고, 고등학교 땐 6·25전쟁이 터져서 학도병 772부대에서 복무했죠."

이어령은 유복한 가정에서 자랐지만 아버지의 잇따른 사업 실패로 공주중학교 재학 무렵엔 월사금도 제때 내지 못했다.

대학 다니실 때까지도 형편이 좋지 않으셨다죠? "정말 아무것도 없었죠. 어느 정도로 가난했냐면 내 호주머니에는 버스 값밖에 없는데도 전 재산이 이것밖에 없다는 걸 남들이 알면 비웃을까 봐 동전을 내기 전에 세는 시늉을 했어요. 애초에 그 돈밖에 없는 걸 알고 탄 건데 돈이 얼마나 남았나 하는 식으로 만지고 확인하고. 어린 마음에 자격지심으로 그런 거죠."

대학을 졸업하던 해에 〈우상의 파괴〉가 나옵니다. 왜 쓰신 겁니까? "50년대에 명동 동방회관이나 포엠, 이런 델 가면 기성 문인들한테 추천받으려고 쫓아다니는 문학청년들이 드글드글했어요. 주변의 속물들과 우상 숭배자들과 우상들, 그 사이에서 도저히 숨을 쉴 수가 없었어요. 그래서 남들이 다 선생님, 선생님 할 때 난 '너희들이 대가라고 존경하는 사람들은 우상에 지나지 않아. 다 때려 부숴' 그런 거죠."

신문이 4면씩밖에 발행하지 않을 때인데 지면을 쉽게 내주던가요? "동방회관에서 김규동 시

인의 《나비와 광장》 출판 기념회가 있었어요. 사회자가 독자 의견을 듣겠다면서 나를 지목한 거야. 난 그냥 배도 고프고 해서 간 건데. 말하라니까 거기서 문단을 향해 폭포수처럼 욕을 했죠. 그 소문을 듣고 한국일보 학예부장이던 한운사 씨가 한 면 전체를 줬어요."

문단 원로들을 비판했으니 구설도 많았겠습니다. "남들은 내가 유명해지려고 기성세대를 쳤다는데, 그래서 출세할 것 같으면 다른 젊은 사람들은 왜 안 했겠어요? 등단하려면 신춘문예나 문예지 추천을 받는 길밖에 없었는데, 나는 문학하겠다면서 내 앞길을 내가 막은 거죠. 하지만 나는 문단에서 추방되는 건 두렵지 않았어요."

그럼 뭐가 두렵던가요? "나와 동일한 역사 체험을 한 동시대인들이 나와 같이 걸어가야 할 전우인데, 전우가 나의 적이었을 때 나는 누구와 싸우느냐 이거죠. 나한테는 이게 상처였죠. 〈우상의 파괴〉는 기성 문인이 아니라 그들을 우상으로 섬기는 동시대인들을 향한 선전 포고였어요."

그래도 결국 추천을 받아 등단하십니다. "내가 '김송'이란 작가를 비판했더니 그분이 나한테 족보에도 없는 비평가라고 그러더라고. 그래서 내가 족보를 못 만들어서 족보에도 없냐, 이러고 백철 씨의 추천으로 〈현대시의 UMGEBUNG와 UMWELT〉로 등단하죠."

움게붕이 뭡니까? "오늘날 생태학이나 환경학, 기호학의 효시인 윅스퀼Uexküll은 환경이 하나가 아니라고 주장했어요. 영어론 인바이런먼트Environment 하나지만 독일어론 움게붕 Umgebung과 움벨트Umwelt, 두 개라는 거죠. 움게붕은 개고 사람이고 객관적으로 존재하는 환경이에요. 그런데 모든 생물은 각자 지닌 움벨트가 있어요. 예컨대 개와 사람이 산책을 하면 서로 체험하는 세계와 환경이 달라요. 사람이 맡지 못하는 냄새를 개는 맡잖아요. 마르크스는 환경을 하나로 보지만 정치 환경, 경제 환경, 언어 환경처럼 자신의 직업이나 능력껏 만들어진 움벨트가 있어요. 그래서 문학을 정치나 경제 환경으로 보면 안 되는 거죠. 그건 정치의 일부가 되는 거니까요. 문학은 문학이 가진 언어 환경이라는, 언어의 벽으로 만든 세계가 따로 있어요."

1956년 이어령이 〈현대시의 UMGEBUNG와 UMWELT〉를 발표한 뒤 20년이 지나서야 윅스퀼은 세계적으로 알려지기 시작한다. 기호학 분야에서 윅스퀼의 재평가가 이루어지는 것도 1980년대. 이어령은 윅스퀼의 이론을 미군 부대에서 흘러나온 책에서 접했다. 그가 말을 이었다.

"내가 은유법을 쓰고 기호학을 하고 신비평을 하는 것은 문학의 기본이 언어이기 때문이에요. 문학은 언어 예술이잖아요. 미술가에게 색채를 뺏고 음악가에게 음을 뺏으면 아무것도 남지 않죠. 신분증에 유효 기간이 있듯 언어에도 유효 기간이 있어요. 이승만 박사의 포고문 같은 정치적 언어가 지금 무슨 의미가 있어요? 문학은 플래카드처럼 고발하는 언어가 아니에요. 유효 기간이 없는 언어죠. 지금도 호메로스를 읽잖아요."

4·19 이후 저항 문학에서 순수 문학으로 옮겨 가십니다. "4·19 직후 순수하던 사람들이 벌써 정치화돼서 완장 차고 돌아다니는 모습을 보면서 새로운 독재가 나타났구나 싶었어요. 제도를 바꾸고 사람을 바꾼다고 민주주의가 오는 게 아니었죠. 이승만 독재가 무너지고 나서 이승만을 욕하는 게 사회 참여인가요? 저항시로 알려진 그놈의 사진을 떼어서 밑씻개로 하자는 시도 실은 4월 26일에 발표된 거예요. 불의 언어, 다이너마이트의 언어로는 안 되겠다는 생각을 했죠. 그래서 동아일보에다 플래카드나 지라시 같은 사회 참여는 하지 않겠다고 선언한 겁니다. 독재자가 있든 없든 간에 끝없이 발언하는 진짜 저항의 문학을 하기로 한 거죠. 옛날에는 실체에 대한 저항이었지만 지금은 보이지 않는 것을 보이게끔 하는 거예요. 사람들이 허깨비를 때리면 실체를 만들어 주는 거죠. 너 여기 때리고 있는데 때릴 덴 거기가 아니라 여기야, 하고 알려 주는 거죠."

당시 선택 때문에 현실에 눈감은 지식인이란 비판도 있는데요. "《문학사상》 권두언을 내가 다 썼어요. 자세히 읽어 보면 정치, 경제, 사회를 다 아우르는 얘기예요. 직접적인 데모나 연판장을 돌리진 않았지만 암울했던 시대를 문학적으로 승화시켰어요. 많은 사람들이 오해하는데 나는 사회 참여를 하지 말라고 한 적 없어요. 독재자가 물러간 뒤에 독재자 욕하면 뭐하냐 이거죠. 참여하는 방식이 틀렸다는 말이에요. 나는 파벌주의, 분당정치, 진영논리는 안 하겠다 이겁니다."

이어령은 답답했는지 계속 말했다.

"그래서 난 정치 관여 안 하고 문학 조직 안 만들었어요. 《문학사상》 만들었지만 '문학사상파'라는 건 없잖아요? 좌든 우든 작품만 좋으면 다 실었어요. 《문학사상》에 황석영, 조세희 글도 실었잖아요. 그 사람 둘 다 '창비파'에 속할 수 있는 사람들 아니에요? 황석영이 한국일보에 《장길산》 연재할 때도 내가 보증한다고 도장까지 찍어 줬어요."

보증이요? "그때 황석영은 무명 신인이었어요. 한국일보에서 뭘 믿고 연재를 맡겨요? 그래서 내가 장기영 사장한테 책임지겠다는 각서를 써서 개런티를 한 거죠. 처음에 《문학사상》에 실으려다가 분량이 너무 방대해서 신문 연재를 하도록 주선한 거예요. 남정현을 옹호한 것도 마찬가지죠. 난 문학 이념을 옹호한 게 아니라 문학의 자유를 옹호한 거야."

남정현 사건 때 증인으로 출두하셔서 숱한 명언을 남기셨습니다. 준비해 간 발언이었나요? "검사가. 뭘 물을지 알아요? 즉석에서 한 거지. 사실 난 그렇게 용감한 사람이 아니에요. 다만 다른 사람들이 증인대에 안 선다니까 내가 나간 거죠. 문인의 글 쓸 권리에 대한 재판이니까 나를 재판하는 것과 마찬가지잖아요. 그때 집사람이 그랬어요. 당신 욱하는 성격 있는데 아들딸이 셋이고 내가 있어. 그러니 적당히 해. 나도 검사하고 싸우려고 작정한 건 아니에요. 난 뭐 위대하고 영웅적인 사람 아니거든. 그런데 그날 법원에 들어가는데 책가방 든 세 녀석이 학교 담을 넘어 법원으로 들어오면서 '이어령 재판하는 거 보자' 이러는 거야. 그 젊은 아이들이 수업까지 빼먹으면서 내 재판을 보러 왔다니까 순간 비겁자가 되지 말아야지, 쟤들 앞에서 못난 모습을 보이면 쟤들이 얼마나 상처받을까, 이런 생각이 들었어요. 용기가 생기니까 태연하게 말이 나왔죠."

이때 바깥에서 "이사장님" 하고 부르는 소리가 들렸다. 휴대 전화엔 중앙일보 고문실에서 인터뷰를 마쳐 달라는 문자 메시지가 와 있었다. 두 번째 만남을 정리하면서 그는 이렇게 말했다.

"오늘은 이만 나가 봐야 하니까 궁금한 게 있으면 다음에 또……."

세 번째 인터뷰는 일주일 뒤 한중일비교문화연구소에서 진행되었다. 마지막 인터뷰가 될 가능성이 높았다. 이번만큼은 결례하더라도 대화를 주도해야 했다. 나는 이제껏 사용하지 못한 질문지를 내려다보며 말문을 열었다.

신문사 논설위원은 어떻게 하게 되셨습니까? "서울신문이 자유당 정권을 지지했다가 4·19 때 사옥이 불탔어요. 그때 서울신문 오종식 사장이 내 글을 읽고 이제 자유 언론 하겠다면서 나를 논설위원으로 스카우트한 거죠. 거기서 '삼각주'라는 고정란을 만들어 글을 썼어요."

당시 그는 27세였다. 남들이 수습기자를 할 나이에 60대 논설위원들과 자리를 함께 한 것이다.

"그러다 월급도 제대로 못 받고 일하는 걸 알고는 한국일보 장기영 사장이 나를 데려다 '지평선'을 쓰게 했죠."

이후 이어령은 경향신문, 중앙일보, 조선일보를 거치며 거의 매일 칼럼을 썼다.

현장 경험도 없으신데 파리 특파원(1973년 2월~8월)을 나가셨습니다. "유신 정권이 생기니까 도망간 거죠. 글을 못 쓰니까 파리 특파원으로 보내 달라고 했어요. 문화인류학을 공부하고 싶기도 했고. 그렇게 파리에 갔는데 한번은 김종필 씨가 파리에 왔어요. 파리 대사가 여기 경향신문 특파원 이 아무개입니다, 하고 나를 소개하니까 김종필 씨가 특파원은 무슨 특파원, 한국도 이제 살 만합니다, 돌아오세요, 이러더라고."

프랑스 생활은 어떠셨어요? "프랑스에 머물면서 서양과 한국의 차이를 많이 느꼈어요. 낭테르대학 총장실에 가니까 앞에 빨간 글씨로 욕이 붙어 있었어요. 그래서 내가 저거 왜 안 떼냐, 물었더니 저거 떼면 더 심한 게 붙으니까 그냥 놔두는 게 낫다는 거예요. 그걸 보면서 우리하곤 많이 다르다는 걸 느꼈죠.

가령 케임브리지대학에서는 케인즈가 스라파(이탈리아 태생의 경제학자)를 불러와요. 우리 같으면 나와 맞설 수 있는 천재적 인물을 내가 있는 학교로 불러요? 온다고 해도 막지. 그래도 케인즈는 데려왔어요. 스라파는 케임브리지에서 한 게 없어요. 《리카도 전집》만 만들었죠. 30년 동안 논문 딱 한 편 썼어. 그걸 밥 먹여 준 게 케임브리지이고 케인즈예요. 우리나라 대학은 논문 개수로 교수를 평가하잖아요. 그런 대학에서 창조적인 사람이 나오겠어요?"

그는 스라파를 얘기하면서 자신을 말하는 것 같았다.

그럼 이화여대에서는 그런 사람을 알아봐 준 거군요? "뭐 내가 그런 사람은 아니지만 이화대학에선 날 80대까지 먹여 줬잖아요. 재작년엔가 내가 그만뒀어요. 기네스북에 오를 얘기여. 한 대학에서 정년퇴직하고도 석학교수, 석좌교수, 명예 석좌교수로 월급을 줬으니……."

이화대학과 첫 인연은 어떻게 맺으신 겁니까? "내가 서울대 강사 시절에 어디에 초대를 받아 갔다가 서울대 총장을 만나 설전을 벌였어요. 그 자리에 있던 이화대학 김옥길 총장이 '저 사람은 대학에 절대 못 있겠구나. 내가 품어 주지 않으면 안 되겠구나'라고 생각했는지 날 불렀어요. 그게 첫 만남이었죠. 교수 하면서 신문사 논설위원도 하고, 《문학사상》도 하고, 외국도 나가고, 다른 대학 같으면 어림도 없죠. 그걸 봐준 게 김옥길 총장의 관용이고, 그 다음 총장, 이사장 들도 그걸 지켜주셨죠. 그분들이 없었으면 적응할 수 없었을 거예요."

학생들에겐 뭘 가르치셨어요? "신비평이나 구조주의, 기호학, 외국의 여러 방법론들을 강의했죠. 어느 대학에도 없는 수사학 강의도 계속했고. 또 하나는 텍스트 읽기. 우리나라는 작품 하나 가지고 읽는 법은 없어요. 그래서 나한테 현대 문학을 배운 학생들은 전부 텍스트 분석에 능해요. 〈메밀꽃 필 무렵〉이면 그걸 토씨 하나까지 제대로 읽는 거예요. 대충 읽고 낭만주의다, 자연주의다 이러는 게 아니라 어떻게 텍스트가 조직되어 있고, 어떻게 전달되며, 어떤 공감을 일으키는지를 중심으로 한 거죠. 나는 내 문학관을 가르치지 않았어요. 생각하는 법을 가르쳤지."

〈메밀꽃 필 무렵〉에서는 동이가 왼손으로 채찍을 잡는 묘사를 통해 주인공의 친자임을 암시하는데요, 왼손잡이는 유전되지 않는다고 비평하신 적이 있습니다. 최근 외신 보도에 따르면 왼손잡이가 유전임을 증명하는 유전자가 발견됐다던데. "과학은 발전하는 거니까요. 아인슈타인이 뉴턴의 물리학을 깼다고 학교에서 뉴턴 안 가르쳐요? 이효석 씨가 50년 후, 100년 후에 새로운 이론이 나올 줄 알고 썼겠어요? 적어도 그 시대에 살았으면 그 시대의 이론쯤은 알고 써야한다는 얘기죠. 내가 여기서 유전학을 얘기하는 게 아니잖아요. 작가라고 해서 멋대로 써서는 안 된다, 그 당시의 과학적 문맥 속에서 써야 한다는 얘기죠."

빈틈이라곤 없다. 공세를 펴려다 수세에 빠졌다. 말문이 막혀 갑자기 화제를 돌려야 했다.

교회 첨탑을 보면 십자가 위에 피뢰침이 있습니다. 그걸 볼 때마다 과학과 종교의 관계에 대해 생각하게 되는데요. "과학과 종교를 대립 관계로 볼 게 아니에요. 역사적으로 보세요. 과학이 왜 생겼습니까? 하나님의 천지 창조를 증명하기 위해서였어요. 종교Religion가 무슨 뜻입니까?

093

신과 인간이 더불어 살았던 옛날처럼 끊어진 관계를 다시 이어주자는 겁니다. 그래서 re, ligion 이에요. 종교의 시대에서 과학의 시대로 넘어왔는데, 과학은 종교가 아닙니까? 과학이 생겼을 때 다윈을 배척했듯 지금은 거꾸로 종교를 배척하고 있어요. 그런데 다윈 얘기가 옳아요? 진화론이 얼마나 엉터리예요? 인간이 지금 하나요? 아니죠. 우리 몸에는 두 종류의 게놈이 있어요. 미토콘 드리아와 인간이라는 두 가지 생물이 한 몸에 살고 있는 거예요. 미토콘드리아는 모계로만 전해 지고, 남자 염색체, 여자 염색체는 바뀌어 가는 거죠. 10년 전만 해도 이런 얘기를 하면 미쳤다고 했어요. 이렇게 무시무시한 과학의 변화가 있는데 우린 낡은 과학만을 믿고 있어요. 이건 낡은 종 교를 믿는 사람보다 더 위험한 사람이에요."

그의 설명은 계속된다.

"설명할 수 있는 것을 설명하는 것이 과학이고, 설명할 수 없는 것을 설명하는 것이 문학이에요. 설명해서는 안 되는 것을 설명하는 것이 종교죠. 니체의 유고집을 읽어 보면 예수를 욕하는 게 아 니라 제도화된 기독교를 비판하는 거예요. 오히려 니체는 예수를 자신이 꿈꾸는 초인의 모델로 봤어요. 모두 죽음에서 도망치는데 예수는 죽음을 받아들이잖아요. 성인이라서 받아들인 게 아니 에요. '엘리 엘리 라마 사박다니(주여, 나를 버리시나이까)'라고 외친 사람이잖아요. 우리와 똑같 이 죽음에 대한 공포가 있었어요. 그러니까 이런 것들을 종합하면, 교회에 십자가가 있고 그 위에 피뢰침이 있다, 과학이 종교보다 위다, 하는 것은 교회를 그렇게 세운 사람들 얘기란 거예요. 예 수님은 그런 거 세운 적 없어요. 니체가 말한 '신은 죽었다'는 오역이에요. 고트 이스트 토트Gott ist tot. '신이 죽어 있다'는 거예요. 그럼 살리면 될 거 아니에요? 결국 니체가 말한 건 신 없는 비 창이에요."

이번엔《레미제라블》로 화제가 껑충 뛴다.

"우리는《레미제라블》을 혁명극으로 읽는데, 그건 은촛대 얘기예요. 은촛대는 신의 상징이죠. 가 난하고 착취당해서 미제라블(불어로 '비참한 사람들')이 아니라 신 없는 삶이 미제라블인 거죠. 은촛대가 없는, 신이 없는 미제라블 할 수밖에 없다는 거예요. 빵 한 조각 훔쳤다고 수십 년 감옥살이를 시키는 사람이 있는가 하면, 은촛대를 훔쳤는데도 감싸 주는 사람이 있어요. 그 힘이 뭐였겠어요? 혁명이었겠어요? 빅토르 위고를 제대로 이해하지 못한 거죠. 그러니 세계가 프랑스 혁명을 겪고, 러시아 볼셰비키 혁명을 겪고, 집단 수용소를 만들고, 역사를 되풀이하는 거예요. 역사는 앞서가야죠."

여기서 이야기는 갑자기 비약한다.

"그래서 내가 우물 파는 사람이라는 거요. 우물 파서 물 먹을 생각하는 게 아니라 여기를 파면 물이 있을까 궁금하고 답답해서 파는 거예요. 살아 있다는 걸 증명하는 거죠. 내가 우물을 파서 어제까지도 없던 물이 솟아날 때 난 살아 있는 거예요. 열 개의 우물을 파면 난 열 개의 생명을 지속하는 거예요. 하나의 우물 속에서 마시고 앉았으면 그때 난 죽은 거야. 내가 어느 대담집에서 이런 말을 했어요. 내 묘비명에다 '여기 우물을 파고 다닌 사람, 죽음이란 마지막 우물을 파면 과연 무엇이 나올꼬? 그것이 하도 궁금해서 여기 묻혀 있는 사람'이라고 써 다오. 죽음마저도 난 호기심이야. 죽음이란 건 내 마지막 우물 파기예요. 나의 무덤은 무덤을 파는 게 아니라 우물을 파는 거예요. 거기서 물이 나올지, 빈 모래만 나올지, 그건 죽고 나서 사람들이 알게 되겠죠."

그러고 보면 선생님은 늘 지知의 최전선에 계셨던 것 같습니다. "난 야전 사령관이지 후방 병참에 있던 사람은 아니에요. 실존주의가 나오면 실존주의와 싸우고, 구조주의가 나오면 구조주의를 했죠. 싱킹Thinking이란 싱크Think의 현재 분사예요. 소트Thought는 싱크의 과거 분사죠. 우리가 생각하는 건 두 종류예요. 싱킹이냐 소트냐죠. 그런데 우리는 대개 이념이 뭐니 과거에 만들어진 것들을 소트해요. 내가 자부할 게 있다면 난 나름 싱킹을 해 왔다고 생각해요. 과거에 생각한 걸 축적해서 소트를 한 게 아니라 크리에이티브 싱킹을 했다고 생각해요."

지식인의 역할은 뭘까요? "지식인은 매의 눈으로 내려다봐야 해요. 개미의 눈으로 풀숲을 보면 되겠어요? 물론 개미의 눈도 필요하지만 우리는 매의 눈은 하나도 없고 개미의 눈만 있으니까 앞길이 어딘지 모르는 거예요. 고공비행을 하는 사람이 없다는 거죠. 그렇다고 지식인들이 하늘로 날아가서는 안 돼요. 벌새처럼 지상에 눈을 두고 꽁지는 하늘을 향해 날아야 해요."

이어령은 여든을 넘게 살았다. 평론가, 작가, 언론인, 교수, 장관으로 승승장구했다. 그에게도 실패의 역사가 있을까.

"좌절이 왜 없어요? 내 일생을 쭉 보면 그동안 직장을 몇 군데나 옮겨 다녔어요? 뒷조사하면 알겠지만 다 싸우고 나온 직장이에요. 아침에 나갔다가 저녁에 돌아올 때 짐 싸 가지고 온 사람이에요. 그리고 한국에 내 안티들이 얼마나 많아요? 한국에서는 높은 나무에 올라갈 때까진 잘해 줘요. 그러다 성공했다고 생각하는 순간 흔들죠. 일반 사람들은 정말 나를 몰라요. 내가 상처받은 건 이루 말할 수 없어요. 사람들은 성공한 면만 보지 어둠은 보질 않죠."

그래도 저 같은 사람 눈엔 성공하신 걸로 보이는데요. "내가 성공한 사람이면 지금 이 나이에도 글 쓰고 있겠어요? 80대 되면 여름은 북해도에서 쉬고 겨울은 하와이에서 나고, 이런 사람들이 성공한 사람들 아니에요? 난 지금 이 나이에도 휴가가 없어요. 세속적으로 성공한 건 아니죠. 서양도 그렇고 동양도 그렇고 80이면 은퇴해서 조용히 지낼 나이죠. 80대가 20대처럼 뛰어다니면 밖에서 볼 땐 불행한 거죠."

이제 그는 진짜 속내를 털어놓는다.

"하지만 내 개인적으론 안 그래요. 우리 아들이 어렸을 때 입시 치르느라 밤새 공부하다가 나와 보면 내 서재에 불이 켜져 있거든. 불 안 끄고 가셨구나, 하고 불 끄려고 문 열어 보면 내가 글 쓰고 있고 맨날 그랬거든요. 그러니까 제 어미한테 '엄마, 난 절대 아빠처럼 안 살 거야. 내가 지금 대학 가려고 2년째 밤새서 공부하는데, 아빠는 평생이 수험생이잖아' 그러니까 집사람이 '아빠 지금 노는 거야. 너희들도 하고 싶은 일을 하면 평생 놀고먹을 수 있어' 그랬어요. 나는 책 읽는 게 좋고, 글 쓰는 게 좋고, 생각하는 게 좋아요. 남이 생각하지 못한 걸 글로 썼을 때의 기쁨은 아편을 맞은들 그렇게 즐거울까요. 즐거움엔 반드시 고통이 수반되죠. 목마름 없이 어디 물맛이 생기나요? 쾌락의 반대말은 고통이 아니에요. 고통과 쾌락은 같은 말이에요. 일란성 쌍생아죠."

마지막 꿈은 무엇입니까? "지금도 집사람이 그래요. 여보, 이번엔 시간에 쫓겨서 쓰지 말고 한 권을 내더라도 차분히 써. 그러면 나는 이러죠. 이제껏 허드레 같은 글만 써 놓고, 정말 쓰고 싶은 글은 한 줄을 써도 제대로 쓰려고 귀중한 자료는 다 모아 놨는데 이제 80살이 됐지 않느냐고. 옛날엔 돈과 시간에 쫓겼는데 이젠 여유가 생겨도 시간이 날 기다려 주지 않아요. 80이 지나면 그래요. 내일이란 게 없어요. 시한부 인생하고 똑같아. 1분 1초가 아깝고, 이 1초를 어떻게 아끼느냐가 문젠데, 발버둥 쳐 봐도 일정표를 보면 새까매요. 80년 살아오면서 사람들한테 얼마나 빚을 졌겠어요. 그걸 갚아야 되는 거예요. 그 사람들 체면 살려 주려고 하는 일들이 태반이죠, 태반."

지금 나는 다시없을 그의 귀중한 시간을 뺏고 있었다. 무슨 말을 해야 할지 몰랐다.

"대학에서 강의한 내 책, 한 권이라도 봤어요? 지금 전집을 만들고 있는데, 전집 내는 출판사에서도 나가는 책을 내고 싶어 하죠. 《공간기호론》, 《다시 읽는 한국시》 이런 아카데믹한 거는 자꾸 뒤로 밀리는 거예요. 허허. 내가 살아 있을 때 나와야 내가 교정을 보잖아요. 에세이는 한두 자 틀려도 되요. 그런데 이거는 두고두고 남잖아요."

그는 쓸쓸해보였다.

"내가 《삼국유사》를 문학 텍스트로 처음 읽은 사람인데…… 내가 기호학을 한 사람이니까 《춘향전》, 《홍길동전》 이런 절대 고전들을 텍스트 읽기로 정밀 분석을 했는데. 이 책으로 대학에서 탈구조론, 구조론 강의를 했는데. 원서 강독해 가면서 글자 하나하나 따져 가며 유행에 빠지지 않도록 한 건데. 그걸 지금 정리해서 책을 내야 되는데 시간이 기다려 주질 않아요, 시간이."

나는 침묵했다. 정적을 견디지 못한 건 그였다.

"80이 지나면 오늘이 마감이에요. 항상 오늘이 마감이야."

나는 내 젊음이 부끄러웠다. **b**

PARTNER

세상은 그를 이어령의 아내로만 기억하지만
강인숙은 '소정小汀'이라는 호처럼 크지 않아도 충분히 아름다운 여자였다.

부부는 56년을 함께 살았다. 젊어서부터 남편은 시간이 모자란 사람이었다. 집안일은 온전히 아내의 몫이었다. 아내는 직장을 다니며 아이 셋을 키웠고, 손자를 등에 업고 박사 학위까지 받았다. 하루는 전구가 깜빡거리는데 머리가 허연 남편은 어쩔 줄 몰라 했다. 아내는 한평생 애써서 저 사람을 도왔다고 생각했는데 사실은 그를 바보로 만든 건 아닐까 하는 생각이 들었다. 글을 조금 덜 쓰더라도 살림을 같이 하고 육아를 나누어 맡겼어야 했다. 그랬다면 아이들과 조금은 더 가까워졌을 텐데. 아내가 천천히 입을 열었다. "당신이 의자 하나 놓고 올라가 저거 비틀어만 놔도 깜빡거리지 않아요."

강인숙은 '이어령의 아내'다. 그 이름으로 더 유명하다. 강인숙은 1933년 함경남도 갑산에서 태어났다. 경기여고를 졸업하고 서울대 국문학과를 나왔다. 이어령과는 국문학과 52학번 동기다. 숙명여대에서 국문학 석사, 박사를 마치고 건국대 국문과 교수를 지냈다. 2001년 사재를 털어 설립한 영인문학관은 문인 초상화와 육필 원고, 애장품 등 국내 문학사의 귀중한 자료 2만 5천 점을 소장하고 있다.

서울시 종로구 평창동에 위치한 영인문학관을 찾았을 때는 고故 최인호 작가 1주기전 준비가 한창이었다. 잇따른 언론 인터뷰에 강인숙은 다소 지친 기색이었다. 힘없이 낮은 음성엔 파열음이 섞여 있었다. 후반부엔 질문하기가 미안할 정도였다. 강인숙은 남편이나 가족에 대해 담담히 술회했고, 문학에 대해 열정적으로 답했다. 서울대의 여성 차별을 이야기할 땐 손으로 책상을 내려치고 가슴을 두드리기도 했다. 세상은 그를 이어령의 아내로만 기억하지만, 강인숙은 '소정小汀'이라는 호처럼 크지 않아도 충분히 아름다운 여자였다.

문학은 내 삶의 원천

최인호 선생 1주기전이 내일입니다. "제가 최 선생 소설을 아주 좋아했어요. 개인적으로도 각별한 친분이 있는 후배이고요. 문학과 사람을 함께 사랑할 행운을 얻은 셈이죠. 하지만 전시를 기획한 것은 개인적 친분과는 무관합니다. 그분의 문학을 위해 문학관이 무언가를 해야 한다는 의무감이 있었죠. 우리는 소중한 문인들을 너무 쉽게 잊어버리는 경향이 있습니다. 그 망각의 늪에 작은 쐐기라도 박고 싶었다고나 할까요. 최 선생은 죽은 조카와 동갑이에요. 그래서 조카가 죽었을 때 느꼈던 그런 상실감을 느꼈습니다. 이번 추모전을 준비하면서 때때로 힘이 들었어요. 죽음에도 정년이 있어 순서대로 갈 수 있다면 좋겠다는 생각을 했습니다."

영인문학관을 건립하실 때 건강이 좋지 않으셨는데. "70년대부터 모아 온 자료를 정리하고, 박물관 허가까지 받아서 막 시작하려는데 인후암이 재발했습니다. 4월에 개관해야 하는데 2월에 수술을 받았어요. 개관 전시회가 눈앞에 다가왔는데 한 달간 말을 하면 안 된다는 선고가 내려졌죠."

그런 상황에도 어떻게 강행하셨네요. "그때 손을 놓으면 다신 못할 것 같았어요. 개관식에 기자들이 잔뜩 왔는데 내가 말을 할 수 없으니 방송국에서 사진만 찍어 가기로 했습니다. 그런데 다 끝나고 나서 기자 하나가 한숨을 쉬고 있었어요. 관장 멘트를 못 받아 가면 시말서를 써야 한다는 겁니다. 너무 딱해서 짤막한 인터뷰를 했어요. 수술한 지 한 달 된 내 몰골이 방송을 통해 전국에 공개됐죠."

개관한 지 벌써 14년째입니다. 그동안 작가들과 교류도 많으셨죠? "나는 문단 행사에는 잘 나가지 못해요. 아이들이 학교에서 돌아오면 같이 있어야 하기 때문이죠. 몸도 약하고요. 그래서 문인들과의 교제 폭이 좁습니다. 대신 작품은 열심히 읽어요."

요즘엔 어떤 작품들이 괜찮던가요? "저는 여류 문인들의 글을 좋아해요. 아무래도 공감대가 넓기 때문이죠. 박완서 선생님의 《환각의 나비》를 감명 깊게 읽었습니다. 최근엔 신경숙 작가의 《소문난 여자》를 재미있게 읽었어요. 김애란 작가의 《두근두근 내 인생》도요."

서울대 국문학과를 나오셨습니다. 대학 시절은 어떠셨나요? "전시라 시중에 책이 없어 우리는 《춘향전》을 읽지도 못했는데, 대학에 가니 '춘향전의 판본 연구'가 필수 과목으로 들어 있는 식이었어요. 전시의 캠퍼스는 엉망이었지만 거기에서 공부하는 법을 배웠기 때문에 독학으로 문학 이론을 공부할 수 있었던 겁니다. 대학은 그렇게 방향 지시만 하는 것으로도 우리를 계도합니다. 그 마당에서 배우는 것이 많았죠."

대학을 졸업하신 뒤에는 무슨 일을 하셨어요? "아이를 키우면서 직장 생활을 했어요. 고등학교에 7년 있었고, 대학에서 강사 생활을 10년 한 뒤에 전임 강사가 됐죠. 아이들을 기를 때는 자리가 주어진대도 감당할 자신이 없었어요. 고등학교에 있으면서 석사 논문을 쓰는데 하룻밤에 내가 열 번 깨면 아이도 따라 깨서 아무 일도 못하고 애와 어른이 밤을 새우는 거죠. 그렇게 여자들은 힘들게 공부를 합니다. 대한민국의 쓸 만한 국민 셋을 기르기 위해서였죠."

육아로 인한 공백기가 학자로서 아쉽진 않나요? "아이를 기르는 기간을 공백기라고 불러서는 안 될 것 같습니다. 여자의 삶에서 가장 많은 것을 배우고 가장 충만감을 느끼는 때가 육아기 이니까요."

그런데 석, 박사는 숙명여대에서 받으셨습니다. "서울대 국문과는 보수적이어서 교수님들이 여자 제자는 돌보지 않아요. 서울대 대학원은 다녀도 소용이 없죠. 이화여대는 또 자기네 학부 출신이 아니면 안 되고요. 그런 차에 김남조 선생님이 숙대에 오면 도와주시겠다고 하셨어요. 마침 숙대는 내가 다니던 직장과 가까워서 시간표만 잘 짜면 두 가지 일을 병행할 수 있었어요. 그런데 들어가 보니 숙대는 그때 두 파로 나뉘어서 싸움 중이었는데 서울대 출신 교수님 두 분이 각각 다른 파에 속해 있는 거예요. 전임이 될 가망이 없다는 걸 깨달았지만 때가 이미 늦었어요. 그래서 45세에야 건대에 자리를 잡았습니다. 그렇게 소외시킬 거면 서울대에선 여학생을 아예 뽑지 않았으면 좋겠다는 생각도 해요."

1999년에 정년퇴직을 하셨습니다. 강단에서 기억에 남는 에피소드가 있나요? "'건대 사건'이 기억납니다. 아이들이 단식 농성을 하고 있으니까 먹는 것도 죄스럽고 힘들었어요. 마지막 날에 학교가 불타는 것을 보았습니다. 교수실에서 학생들이 소파와 책상에 불을 붙여 던지면 밑에 있던 매트리스에서 고약한 유독성 연기가 뿜어져 나왔어요. 소방차가 물을 쏟아부어서 본관 계단에 물이 넘치는데 에드워드 기번의 《로마제국 쇠망사》가 계단 구석에서 물에 씻기고 있더라고요. 나는 데모하는 학생들이 수업을 방해하면 내쫓았어요. 남의 수업을 방해할 권리는 없기 때문이죠. 하지만 엄마이기도 하니까 우리 과 학생들이 단식 투쟁을 하면 조교를 시켜서 미숫가루 풀은 물에 소금을 뿌려서 가져다줬어요. 탈수증에 걸릴까 봐서요."

관장님께 문학이란 어떤 의미일까요? "내 삶의 원천이자 힘이고 기쁨이죠. 나는 한 가지밖에 못하는 타입인데 원하는 일을 하다 가게 돼서 좋아요. 요즘도 책을 많이 읽는데 백내장 수술할 때 아예 근시로 했어요. 책 읽으려고."

여드름투성이 청년, 이어령

이어령을 처음 만난 것은 1952년 봄이었다. 전쟁 중이라 서울대는 부산시 서구 대신동에 내

려와 있었다. 학생들은 판자를 엮어 만든 임시 건물에서 우동집 같은 장의자에 앉아 공부했다. 국문학과에는 어학과 고전문학 그리고 현대문학의 세 분과가 있었다. 강인숙과 이어령은 현대 문학 분과를 택했다. 현대문학 분과는 그 둘을 포함해 총 다섯 명이었다.

이어령 선생과는 대학 동기로 만나셨습니다. "그해에는 여학생 수가 많았어요. 군인 티오 때 문에 남자가 준 거죠. 여학생들은 처음 본 남자 동급생들의 별명을 지어 주었어요. 이 선생 별 명은 '밤송이머리'였습니다. 고등학교 때 박박 깎았던 머리가 자라기 시작해서 밤송이처럼 뻗 쳐 있었기 때문이죠."

그때 사진을 보니까 아주 미남이시던데요. "그때는 여드름투성이였던 시기여서 핸섬하다는 생각은 하지 않았어요. 그의 매력 포인트는 두뇌니까 여드름 같은 것은 문제될 게 없었죠."

교제는 어떻게 시작하신 거죠? "대학 3학년 때 그가 친구해 달라고 제안했어요. 극장이나 다 방에 같이 다녔고, 백과사전 번역을 아르바이트로 같이 했어요. 밤늦게까지 다방에 앉아 일하 고 공부하고 그랬습니다. 명동에 '토향土香'이란 다방이 있었어요. 조용해서 일하기 좋았죠."

청혼은 정식으로 받으셨나요? "그렇진 않아요. 이 선생이 늦도록 같이 있기를 원하는데, 나는 몸이 약해서 데이트가 늘 버거웠어요. 그렇게 3년 가까이 매일 붙어 다니니까 어머니가 제동 을 걸었어요. 결혼할 거 아니면 그만 헤어지라는 거예요. 이 선생이 결혼하고 싶은데 돈이 없 어서 엄두를 못 낸다니까 저 사람 돈 생길 가망은 없어 보이니 결혼해서 네 손으로 돈을 모으는 게 낫겠다고 하셨어요."

결혼 후 뭐가 제일 좋으시던가요? "밤에 밖에 있지 않아도 되는 거였어요. 너무 피곤했거든요."

58년에 결혼하셨으니 금혼식이 지났네요. "금혼식 날이 죽은 손자의 49재여서 제주도에 강 연하러 갔다가 둘이 바다를 보며 울었어요. 곧 회혼이 다가옵니다. 날 때부터 같이 있었던 것 같은 생각이 들 때도 있어요. 개성이 강한 사람들인데 서로 잘 참아 줬다고 생각합니다."

이어령 선생은 집에선 어떤 남편인가요? "우리 집 식구들은 모두 이웃집 손님들처럼 살았어 요. 아이, 어른 모두요. 사는 번거로움은 제가 다 맡았죠. 도우려고 한 건데 요즘 생각하니까 내 가 오지랖이 넓어서 저들을 생활에서 소외시킨 게 아닐까 하는 생각이 듭니다. 이 선생은 책만 쓰면서 살았는데 좀 덜 쓰더라도 가족들과 고락을 같이한 편이 낫지 않았을까 싶고요. 요즘은 제가 몸이 자주 불편해지니 이 선생이 많이 돕습니다."

이어령 선생이 너무 유명해서 불편하셨던 적은 없었나요? "유명세로 불편했던 적은 없어요. 다만 이 선생이 너무 바빴죠. 이 선생은 20대 때부터 이제껏 한가한 적이 없었어요. 작년에 수 술을 하고 두 달 동안 컴퓨터를 못했어요. 컴퓨터에 대한 거부 반응이 있더라고요. 거기에서

병이 온 거니까. 그게 아마 최초의 긴 휴가였을 거예요. 이 선생은 명절에도 쉰 적이 없어요. 볼일 얼른 보고 밀린 원고 써야 했으니까요."

그런데 부군을 계속 '이 선생'이라고 하시네요. "오랜 세월을 함께 지낸 사람을 소홀히 부르고 싶지는 않아서요."

주말에는 어떻게 지내세요? "주말은 글 쓰는 때죠. 각자 자기 서재에서 글을 쓰다가 연속극 하나씩 같이 보면서 쉽니다."

두 분이 함께 하시는 취미는 없으세요? "우린 영화 보러 자주 다녔어요. 특히 문화부 장관 할 때는 공연에 많이 참석해야 했는데 그 기간이 참 좋았어요. 같이 책 읽고 같이 예술을 감상하고 그러는 시간이."

이렇게 말하면서 강인숙은 그 시절을 떠올리는 듯 아득한 표정을 짓고 있었다.

작은 샘물처럼 욕심내지 않고

강인숙은 '석복惜福'이라는 가훈대로 복을 아끼고 삼가며 살라고 자녀들에게 가르쳤다. 강인숙은 칭찬에 인색한 어머니였다. 언젠가 장성한 아이가 "엄마는 왜 나한테 칭찬을 안 해?" 하고 물었다. 강인숙은 "칭찬은 남에게 들어야 하고 부모는 부족한 점을 고쳐 주는 사람이다"고 말했다. 이어령, 강인숙 부부는 2남 1녀를 두었다. 미국에서 변호사로 활동하다 목회자로 나선 큰딸은 2012년에 암으로 세상을 떠났다. 큰아들은 한국예술종합학교 영화과 교수로, 막내아들은 백석대학교 디자인 영상학부 교수로 재직 중이다. 그의 말대로 대한민국의 쓸 만한 국민 셋을 길러 낸 것이다.

자녀 교육은 어떻게 하셨나요? "인성 교육에 치중했는데 제가 어렸을 때 싫어했던 일은 안 시키려 했어요. 되도록 간섭을 안 하는 편이었죠. 아이가 과외 하겠다면 시키고 싫다면 마는 식이니 엉터리 엄마죠. 우리 어머니가 칭찬을 안 하는 분이었어요. 어려서 공부를 잘했는데 그걸로 칭찬받은 기억이 없어요. 건방져질까 봐 더 심하게 하셨던 것 같아요. 나도 그렇게 길렀는데 지금 다시 하라면 칭찬을 많이 해 주면서 기르고 싶어요."

특별히 신경 쓴 부분이 있다면요? "딱히 없었지만 한 가지는 분명히 했어요. 아이들에게 심부름시키면 거스름돈을 정확하게 돌려받았어요. 부모 자식 사이는 돈 때문에 훼손되어서는 안 되는 소중한 관계니까요. 그게 제가 아이들에게 유난스럽게 하는 일 중 하나였는데, 그래서 지금도 아이들과 돈 문제로 불편한 일은 없어요."

부모님은 어떠셨어요? "아버지는 좀 난해한 분이에요. 쾌락주의자여서 당신의 미각 같은 것에

아주 충실하셨죠. 과감하게 멋을 부리기도 하셨고요. 그런데 동시에 박애주의자이기도 합니다. 자신의 욕망을 다 만족시키면 그렇게 많은 사랑이 샘솟는 것일까요. 당신을 미행하는 형사까지 긍휼히 여기는 그런 사랑으로 사람을 대하셔서 미운 사람이 하나도 없는 삶을 살다 가셨습니다. 친구들이 지어준 호가 백우百友세요."

미행하는 형사라니요? "아버지는 젊어서 독립 운동을 한 죄로 고향에는 접근 못하게 감시받으며 사셨거든요. 사업도 하셨는데 내 생각엔 우리가 광복군 군자금을 대지 않았나 싶어요. 함경남도 혜산진에 살 때였는데 사업하는 사람들은 마적들이 한 번씩 들러 돈을 뺏어 갔지만 우리집은 습격을 당한 일이 없었거든요."

어떤 사업을 하셨는데요? "제재업을 크게 하셨어요. 항상 나무 향기를 맡고 자랐죠. 그래서인지 제가 목가구를 참 좋아합니다. 나무의 결과 장식이 만나서 만드는 조화와 절제의 미학이 영혼을 맑게 해 주거든요. 나무는 죽어서도 그렇게 맑고 의연한 시체를 남기니 신기하지요."

어머니는 어떤 분이셨어요? "어머니는 우리들의 지모신입니다. 자립정신이 강하고 성취욕이 많던 어머니는 희생한 분량만큼 우리들의 사랑을 받으셨으니 그 잔이 넘쳤을 겁니다. 재산은 자신이 이룬 것만 값있는 것이니 '한 대 맞더라도 박력 있는 남자를 골라라' 하시면서 딸들 결혼할 때 시집 재산에 관심을 두지 않으셨던 점을 아주 높이 평가하고 있습니다."

그런데 큰 수술을 받으셨는데도 여전히 건강하십니다. "제가 잔병이 많아서 무리하면 금세 잇몸에 탈이 나요. 경고를 하는 거죠. 그래서 자주 쉽니다. 지금은 살아 있으니까 사는 거지 더 오래 살겠다고 버둥거릴 생각은 없습니다. 하지만 못 움직이면 남에게 폐가 되니까 허리 디스크를 위해 누워서 게으르게 버둥거려 보는 정도죠."

병을 이기는 데 가장 큰 힘이 됐던 건 뭐였나요? "가족이죠. 남편이 혼자 남을 생각을 하면 겁이 납니다. 혼자가 되면 남자들은 힘들어하더라고요."

인생에서 가장 힘드셨을 때는요? "아이들의 사춘기였어요. 아이가 사는 것을 안 고마워하니까 그동안 제가 쌓은 탑들이 무너져 내리는 기분이더군요."

세 시간 넘게 이어진 인터뷰를 마치고 영인문학관을 나서면서 마지막으로 물었다.

이어령 선생 칭찬만 하셨는데 혹시 단점은 없을까요?

강인숙은 열없이 웃으며 예의 낮고 조용한 음성으로 말했다.

"단점 같은 거 이제 와 나열하면 뭐하겠어요. 지금은 그냥 오래 같이 있었으면 좋겠고, 죽을 때 그의 손을 잡고 떠나고 싶어요. 가족 시중이 너무 버거워서 다시 태어나면 결혼 같은 거 안 할 것 같지만 꼭 결혼해야 한다면 역시 그와 하고 싶어요." **b**

LIBRARY

이어령의 서재는 디지로그 전시장이다. 3만여 권의 장서와 7대의 컴퓨터,
태블릿과 킨들이 클라우드 컴퓨팅으로 연결되어 있다

이어령의 서재를 찾았을 때 그는 안락의자에 앉아 아이패드로 전자책을 보고 있었다. 플라톤 전집이었다. 아이북스iBooks의 가상 책장에는 도스토옙스키 전집과 《일리아드》, 《오디세이》, 《손자병법》 같은 고전이 빼곡했다. 아마존 킨들엔 《파우스트》와 최신 이론서들이 있었다. 이어령은 전자책을 읽다가 색인 기능을 이용해 수시로 필요한 부분을 찾아냈다. 이어령은 전자책과 아날로그 책을 구분하지 않았다.

"지금은 산업 사회에서 정보 사회로 전환되는 과도기니까 전자책과 아날로그 책이 따로 있지만, 디지로그 시대가 오면 비트와 아톰의 차이가 없어질 거예요. 그땐 설계도를 보고 집을 짓는 게 아니라 설계도를 프린팅하면 집이 되는 거죠."

이어령은 평생을 책과 함께 살았다. 문학을 사랑한 어머니 덕분이었다. 어머니는 아이의 머리맡에서 책을 읽어 주셨다. 《천로역정》이나 《아! 무정(레미제라블)》, 딱지본 소설도 그때 어머니의 음성을 통해 읽었다. 글자를 알기 전에 책을 먼저 안 것이다. 그렇게 자란 아이는 자연히 책을 손에서 놓지 않았다. 대학 시절에는 도서관에 틀어박혀 남독했다. 랭보와 보들레르를 읽었고 키르케고르와 니체를 읽었다. 전공과 무관한 분야의 책도 집히는 대로 읽었다.

이어령의 서재에는 3만여 권의 장서가 있다. 자택 응접실 한쪽 벽면은 전부 서가다. 평소엔 서가의 창살문을 닫아 놓는다. 내방한 손님이 자기 책이 없을 경우 서운해 할 수 있기 때문이다. 작업실 입구 책장엔 기호학 외서들이 있다. 가로 폭 3미터가 넘는 책상이 있는 작업실에도 사방이 책이다. 일본 서적이 주를 이룬다. 자택 지하 2층 수장고엔 수십 개의 책장에 장르별로 책이 가득하다. 이어령은 어려서부터 어려운 책을 읽어야 한다고 말한다.

"아이들에게 동화만 읽혀서는 안 돼요. 난이도 있는 텍스트를 읽어야 뇌가 자극을 받아서 독창성과 상상력이 생겨요. 난 초등학교 때 대학생들이 읽는 36권짜리 세계문학전집을 다 읽었어요. 책을 읽다가 '사모바르에 물이 끓고 있다'고 하면 사모바르가 뭘까, 주전자 같은 걸까, 하고 상상하면서 읽은 거예요. 존 러스킨도 여덟 살 때 이미 단테의 《신곡》을 읽었다고 하잖아요."

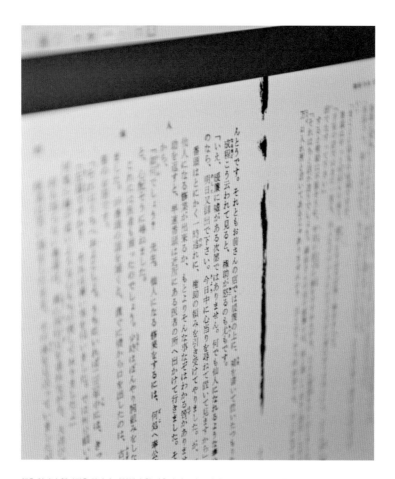

책을 읽거나 웹서핑을 하다가 기억해야 할 내용이 나오면 스캔해서 PDF파일로 보관한다. 하드디스크에 저장된 파일을 제외하고 Evernote 어플리케이션에 보관된 파일만 10113개였다. 이렇게 만들어진 자료는 과학기술, 교육, 글로벌, 기업경제, 도시환경, 동식물, 동양아시아, 디자인 등 세분화된 폴더로 들어가 집필에 이용된다.

이어령은 일곱 마리의 고양이를 키운다. 고양이들은 그의 말을 어기는 법이 없다. 얌전히 앉아 집필을 돕는다. Computer Aided Thinking. 앞 글자를 따면 CAT, 고양이가 된다. 그의 작업실에는 7대의 컴퓨터가 있다. 아이패드와 킨들을 합하면 디지털 기기는 10대가 넘는다. 애플 아이맥은 물론이고 일본 웹사이트를 검색하거나 일본어를 입력할 때 사용하는 소니 노트북도 있다. 사용하는 프로그램이나 저장 장치에 따라 구동되는 운영 체계가 다르기 때문에 구형 컴퓨터도 버리지 못한다. 모든 기기는 클라우드 컴퓨팅으로 연결되어 어디서든 접속할 수 있다. 이어령의 IT기기 활용 역사는 오래되었다. 많은 사람들이 기억하는 '산업화는 늦었지만 정보화는 앞서가자'는 말도 1995년 조선일보 정보화 캠페인에서 이어령이 제창한 구호다. 그는 컴퓨터를 쓰기 전부터 대우 워드프로세서 르모를 애용했다.

1988년 이어령은 처음으로 컴퓨터를 접했다. 서울 올림픽 폐회식을 마친 뒤 미국 맨해튼으로 건너가 노트북을 구입했다. 며칠 동안 방에 틀어박혀 영문 도스 매뉴얼을 익혔다. 그날 이후로 첨단 디지털 기기는 이어령의 확장된 신체가 된다. 문화부 장관 시절에는 검은 가방에 노트북을 넣고 다녀 직원들로부터 '공포의 블랙박스'라 불리기도 했다. 노트북 안에 온갖 자료들이 저장되어 있었기 때문이다.

이러한 체험과 통찰을 바탕으로 2006년 《디지로그》를 펴냈다. 아날로그 세대로 태어난 이어령은 디지털을 누구보다 빠르게 습득하여 그 둘을 결합한 디지로그를 선창했다. 당시 그는 기존의 온라인 커뮤니티가 익명성을 강조하고 있지만 시간이 지날수록 아날로그적 성향이 심화되어 아는 사람들끼리 추천해서 들어오는 모임으로 바뀔 것이라 예측했다. 오늘날 폐쇄형 소셜 네트워크 서비스의 유행을 예견한 것이다.

이어령의 집필 방식은 어떨까. 간단한 글이나 메모를 할 때는 아이패드를 이용한다. 필기 인식 기능을 갖춘 Notability 어플리케이션을 통해 손끝으로 글을 쓰고 텍스트로 변환한다. 이렇게 만들어진 텍스트는 클라우드 서비스인 Dropbox에 자동 저장된다. 본격적인 작업은 Echo 전자펜으로 이루어진다. 아날로그 공책에 전자펜으로 글을 쓰면 텍스트로 전환되어 컴퓨터에 저장된다. 녹음 기능도 있다. 녹음한 음성 파일은 사무원들이 텍스트로 입력해 Dropbox에 올린다. 강연 자료를 만들 때는 Mindjet을 쓴다. 마인드맵으로 생각을 정리하고 문서를 내보내면 곧바로 강연 원고가 된다. 다양한 소프트웨어 덕분에 수 일이 걸릴 작업도 몇 시간이면 끝난다. 이어령은 요즘 젊은이들에게 할 말이 많았다.

"우린 백 년 이상 못 살지만 옛날로 치면 수백 년 걸릴 일을 할 수 있어요. 팔십 먹은 노인네가 디지로그를 하는데 요즘 젊은 아이들은 댓글이나 달고 있으니 내가 얼마나 답답하겠어요?" **b**

플래그로 표시된 페이지는 스캔해서 컴퓨터에 저장한다. 이어령은 지독한 독서광이다. 그의 독서법은 독특하다. 한 권의 책을 완독하는 경우는 드물다. 책을 훌훌 넘기면서 새로운 정보를 얻는다. 이런 방식을 랜덤 액세스Random Access라고 하는데 내가 원하는 정보를 찾아보는 인터넷 검색과는 다르다. 책을 훑어보다 문득 나타나는 예기치 않은 우연성에서 우리는 더 많은 것을 발견할 수 있다.

7대의 컴퓨터가 있는 작업실 책상. 이어령은 소문난 얼리어답터다. 88 서울 올림픽 개·폐회식 시
나리오를 작성하기 위해 삼성 워드프로세서를 1호로 구입했을 정도다. 전자 업계에선 그에게 시
제품을 보내고 피드백을 듣곤 한다. 미국판 킨들에 이어 최근엔 일본판 킨들도 구입했다.

튀어나온 못은 망치질을 당한다. 하지만 압도적으로 튀어나온 못에겐 망치가 오히려 절을 한다.
1992년 일본문화디자인 대상으로 받았다. 수상 이유는 《축소지향의 일본인》을 통한 일본 문화
분석과 한일 문화 교류에의 노력 등이었다.

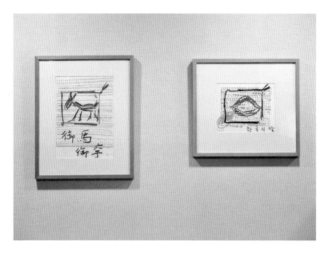

비디오아트의 거장 백남준이 이어령의 회갑연에서 그린 풍자화. 백남준은 "TV상자 속의 입술은 이어령의 말틈 속에 등장하는 아이디어를 상징하고, 달리는 말馬은 어御자처럼 천리마 고삐를 죄며 60년을 달려온 것을 뜻한다"고 했다.

자택 지하 2층 수장고에는 월간 문예잡지 《문학사상》이 창간호부터 보관되어 있다. 1972년 이어령이 창간한 《문학사상》은 다양한 기획을 통해 한국 현대 문학을 이끌었다. 1972년 10월부터 1985년 12월까지 이어령은 한 달도 거르지 않고 권두언을 연재했다.

나는 우물을 파는 사람이다.
마지막으로 깊은 우물을 하나 파고 싶다.
뒤에 오는 사람들이 우물에서 나오는 물로
갈증을 풀 수 있게 해 주고 싶다. —유쾌한 창조 中

I AM A WELL SINKER. I WOULD LIKE TO DIG A DEEP WELL IN THE
END SO THAT LATE ARRIVERS CAN QUENCH THEIR THIRST WITH
THE WATER IN THE WELL. - FROM 'JOYFUL CREATION'

어제와 똑같은 발상은 감동이 없다.
어제와 다른 새로운 발상이
찬란한 세상을 만든다. —우물을 파는 사람 中

IF YOUR THOUGHTS REMAIN THE SAME AS YESTERDAY, IT
IS DIFFICULT TO MOVE SOMEONE. A NEW WAY OF THINKING
EVERYDAY BRINGS A SPLENDID WORLD. - FROM 'A WELL SINKER'

내가 은유의 문장을 좋아하는 것도
그것의 의미가 항상 문장의
심층 속에 묻혀 있기 때문이다.
그것들은 지층과도 같은 여러 층위의
의미를 가지고 있으며 그 켜마다 각기 다른
비밀스러운 화석을 숨겨 두고 있다.

    - 어머니를 위한 여섯 가지 은유 中

THE REASON I LIKE METAPHORIC SENTENCES IS BECAUSE THE
MEANING BEHIND THEM IS ALWAYS PENETRATED DEEP DOWN
IN THEIR SENTENCES. THEY HAVE LAYERS OF MEANING LIKE
GEOLOGICAL STRATA, AND IN EACH LAYER HIDES SECRETIVE
FOSSILS. - FROM 'SIX METAPHORS FOR MOTHERS'

당신은 형용사에 속아서는 안 된다.
그리고 하나의 움직임을 강조하는
부사도 마찬가지다. 오히려 그것들은
명사나 동사의 조력자가 아니라
그 근본적인 의미를 은폐하는
음흉한 모함꾼이다.
– 문학사상 권두언 '나목裸木은 왜 아름다운가' 中

YOU SHOULD NOT BE FOOLED BY ADJECTIVES OR ADVERBS THAT
HIGHLIGHT ONE MOVEMENT. THOSE WORDS DO NOT ACT AS A
FACILITATOR FOR NOUNS AND VERBS. RATHER, THEY ARE WICKED
SLANDERERS THAT CONCEAL THE UNDERLYING MEANING. - FROM
'WHY IS A BARE TREE BEAUTIFUL?'

REFERENCE

강인숙, 《아버지와의 만남》, 생각의 나무, 2004.

경향신문사, 《여적》, 경향신문사, 2012.

권오문, 《말말말 대한민국사를 바꾼 핵심 논쟁 50》, 삼진기획, 2004.

김승옥 외, 《만남의 방식》, 김영사, 1993.

김영민, 《한국 현대문학 비평사》, 소명, 2000.

김용락, 《민족문학 논쟁사 연구》, 실천문학사, 1997.

김윤식, 《문학사의 라이벌 의식》, 그린비, 2013.

김정운, 《남자의 물건》, 21세기북스, 2012.

린타이이(임홍빈 譯), 《현실+꿈+유머》, 시니북스, 2005.

반칠환, 《책, 세상을 훔치다》, 평단문화사, 2006.

송은숙, 《휴먼 네트워크 세상의 행복한 리더》, 한스컨텐츠, 2007.

신승엽, 《민족문학을 넘어서》, 소명출판, 2000.

염상섭, 《염상섭 문장 전집 3》, 소명출판, 2014.

이나리, 《열정과 결핍》, 웅진닷컴, 2004.

이동하, 《한국문학을 보는 새로운 시각》, 새미, 2001.

이민아, 《땅끝의 아이들》, 시냇가에 심은 나무, 2011.

이어령 외, 《인문학 콘서트 3》, 이숲, 2011.

이어령, 《디지로그》, 생각의 나무, 2006.

이어령, 《말》, 문학세계사, 1983.

이어령, 《생명이 자본이다》, 마로니에북스, 2014.

이어령, 《어머니를 위한 여섯 가지 은유》, 열림원, 2010.

이어령, 《우물을 파는 사람》, 두란노, 2012.

이어령, 《일본문화와 상인정신》, 문학사상사, 2003.

이어령, 《읽고 싶은 이어령》, 여백미디어, 2014.

이어령, 《장미밭의 전쟁》, 문학사상사, 2003.

이어령, 《저항의 문학》, 경지사, 1959.

이어령, 《젊음의 탄생》, 마로니에북스, 2013.

이어령, 《지성에서 영성으로》, 열림원, 2013.

이어령, 《지성의 오솔길》, 문학사상사, 2004.

이어령, 《축소지향의 일본인》, 문학사상, 2008.

이어령, 《하나의 나뭇잎이 흔들릴 때》, 문학사상사, 2009.

이어령, 《흙 속에 저 바람 속에》, 문학사상, 2008.

이어령·강창래, 《유쾌한 창조》, 알마, 2010.

이어령·이재철, 《지성과 영성의 만남》, 홍성사, 2012.

임어당(신해진 譯), 《중국, 중국인》, 장락, 1995.

임어당(이평길 譯), 《임어당의 웃음》, 선영사, 1998.

임어당(지경자 譯), 《생활의 발견》, 홍신문화사, 1995.

최하림, 《김수영 평전》, 실천문학사, 2001.

팡시양똥(장성철 譯), 《루쉰, 욕을 하다》, 시니북스, 2004.

한승헌, 《권력과 필화 : 권력의 횡포에 맞선 17건의 필화 사건》, 문학동네, 2013.

호영송, 《창조의 아이콘, 이어령 평전》, 문학세계사, 2013.

홍성식, 《한국 문학논쟁의 쟁점과 인식》, 월인, 2003.

김호균, 〈특별기획 - 대한민국 공무원의 경쟁력〉, 《신동아》, 2001. 10.

이어령, 〈한국소설의 맹점〉, 《사상계》, 1962. 11.

이어령, 〈현대시의 UMGEBUNG와 UMWELT - 시비평 방법서설〉, 《문학예술》, 1956. 10.

김동리, 〈논쟁 조건과 좌표 문제 - 김우종 씨의 소론에 관계하여(上)〉, 《조선일보》, 1959. 2. 1.

김동리, 〈논쟁 조건과 좌표 문제 - 김우종 씨의 소론에 관계하여(下)〉, 《조선일보》, 1959. 2. 2.

김동리, 〈좌표 이전과 모래알과 - 이어령 씨에 답한다〉, 《경향신문》, 1959. 2. 18. ~ 2. 19.

김영태, 〈「정적」…굴렁쇠로 쓴 시〉, 《경향신문》, 1988. 9. 21.

박중서, 〈인물세계사 - 루쉰〉, 《네이버캐스트》, 2010. 10. 5.

이어령, 〈문학과 젊음 - "문학도 함께 늙는가?"를 읽고〉, 《경향신문》, 1958. 6. 21.

이어령, 〈영원한 모순 - 김동리 씨에게 묻는다〉, 《경향신문》, 1959. 2. 9. ~ 2. 10.

이어령, 〈우상의 파괴 - 문학적 혁명기를 위하여〉, 《한국일보》, 1956. 5. 6.

이어령, 〈현실과 문학인의 위치오늘의 작가에게 말한다〉, 《동아일보》, 1961. 2. 14.

이어령, 〈화전민 지대 - 신세대의 문학을 위한 각서〉, 《경향신문》, 1957. 1. 11. ~ 1. 12.

이어령, 〈희극을 원하는가?〉, 《경향신문》, 1959. 3. 12. ~ 3. 14.

한인희, 〈중국, 중국인 - 중국 문화를 세계에 알린 문명비평가, 린위탕 上〉, 《현대일보》, 2011. 6. 7.

한인희, 〈중국, 중국인 - 중국 문화를 세계에 알린 문명비평가, 린위탕 下〉, 《현대일보》, 2011. 6. 13.

《경향신문》, 〈컴퓨터는 내 얼굴 - 이화여대 석좌교수 이어령〉, 1998. 8. 11.

《동아일보》, 〈동아 인터뷰 - 체일 중 '일본인론' 출간 선풍 이어령 씨〉, 1982. 3. 12.

《동아일보》, 〈문학 작품의 이해와 분석 싸고 논전〉, 1967. 2. 11.

《매일경제》, 〈「문학사상」 재판再版, 창간 1주일 만에〉, 1972. 9. 15.

《조선일보》, 〈"반미 자체가 목적 아니다" 분지 공판, 이어령 씨 증언〉, 1967. 2. 9.

《조선일보》, 〈귤이 탱자가 되는 사회〉, 1984. 1. 21.

PHOTO CREDITS AND CAPTIONS

IMPRESSION

P.5 루마니아 출신 극작가 외젠 이오네스코의 서명, 영인문학관 제공

P.6 1952년 노벨 문학상 수상자인 프랑수아 모리아크의 책을 이어령이 들고 촬영함, 영인문학관 제공

P.7 《CE QUE JE CROIS》에 모리아크의 서명, 영인문학관 제공

P.8-9 프랑스 평론가 피에르 레스타니의 서명, 영인문학관 제공

P.10 《25시》의 작가 콘스탄틴 비르질 게오르규 강연 포스터, 영인문학관 제공

P.11 1995년 평창동 집에서 소설가 김승옥이 그린 이어령의 캐리커처, 영인문학관 제공

P.12 누보로망 작가 알랭 로브그리예 서명, 영인문학관 제공

P.13 《「縮み」志向の日本人축소지향의 일본인》 육필 원고, 이어령저작권보전위원회 제공

WORKS

P.23-31 PHOTOGRAPH BY HASISI PARK

PORTRAITS

P.34 1969년, 이어령저작권보전위원회 제공

P.35 연도 미상, 이어령저작권보전위원회 제공

P.36 1975년 문학사상사에서, 이어령저작권보전위원회 제공

P.37 연도 미상, 이어령저작권보전위원회 제공

P.38 1964년 영국 런던 국회의사당 앞에서, 이어령저작권보전위원회 제공

P.39 1993년 2월, 이어령저작권보전위원회 제공

P.40 1977년 일본 박물관에서, 이어령저작권보전위원회 제공

P.41 문학사상사가 적선동에 있던 시절, 이어령저작권보전위원회 제공

BIOGRAPHY

P.43, 45 PHOTOGRAPH BY HASISI PARK

P.48 (좌) 1960년 한강로에 있던 자택 마당에서, 이어령저작권보전위원회 제공

(우) 1960년대 중반 《새벽》지 화보, 이어령저작권보전위원회 제공

P.51 (상) 1972년 소설가 김은국과, 이어령저작권보전위원회 제공

(하) 1970년대 후반, 이어령저작권보전위원회 제공

P.53 (상) 1977년 일본 박물관에서, 이어령저작권보전위원회 제공

(하) 1975년, 이어령저작권보전위원회 제공

P.54 1991년, 문화부 장관 재임 시절 국정감사장에서, 세계일보/멀티비츠

P.58 연도 미상, 이어령저작권보전위원회 제공

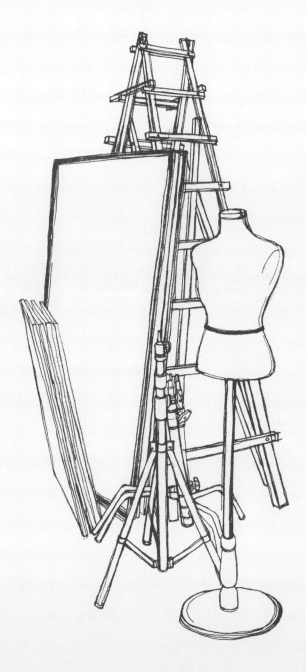

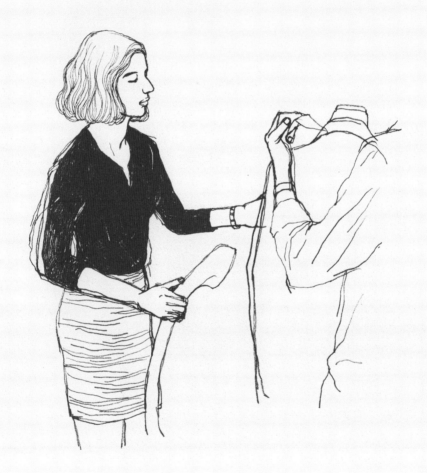

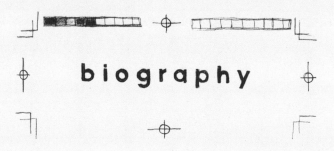

biography